Dr. Thomas Diehn (Hrsg.)
Streitstände Kompakt

Christoph Dahlkamp

Schuldrecht
Besonderer Teil

Dahlkamp, Christoph:
Schuldrecht Besonderer Teil: Streitstände KOMPAKT / von Christoph Dahlkamp
2. Auflage – Dänischenhagen: Richter Verlag, 2016
(Streitstände KOMPAKT)
ISBN 978-3-935150-75-0

Hans-Peter Richter
Paul-Schroeder-Straße 18
24229 Dänischenhagen
Tel. 04349-1725
Fax 04349-571
E-mail: RICHTER-VERLAG@t-online.de
Website: www.Richter-Verlag.de

Druck und Verarbeitung: Druckerei Schmidt & Klaunig, Kiel

2. Auflage 2016

ISBN 978-3-935150-75-0

Vorbemerkungen

Das Schuldrecht ist in seinem besonderen Teil von **besonderer Dynamik** geprägt, die eine Neuauflage sachgerecht erscheinen lässt. Die wegweisende Schuldrechtsmodernisierung des Jahres 2002 hat die Diskussion schuldrechtlicher Streitfragen nachhaltig geprägt. Heute sind viele der strukturellen Fragen geklärt und einige bereits zu **„Klassikern" der Prüfungspraxis** geworden. Gleichzeitig erscheint der **Reformeifer des Gesetzgebers** ungebrochen, in jüngerer Zeit z.B. bei der Umsetzung der Verbraucherrechterichtlinie (2013) oder dem Mietrechtsnovellierungsgesetz (2015). Weitere Gesetzesänderungen im Mietrecht und im Bauvertragsrecht werden bereits politisch diskutiert. Schließlich sind kontinuierlich europäische Richtlinien umzusetzen (derzeit z.B. EU-Pauschalreiserichtlinie bis 2017).

Ich biete Ihnen an, sich mit diesem Band **67 Streitfragen** des besonderen Schuldrechts – sowohl aktuelle als auch „Klassiker" – mit einer Fülle von Argumenten zu erschließen. Die gesamte wissenschaftliche Diskussion zu einer Frage wird Ihnen auf 1-2 Seiten zusammengefasst.

Für den maximalen Lernerfolg müssen Sie unbedingt jede der genannten Normen nachlesen! Arbeiten Sie, wenn immer möglich, mehrgleisig: Nur wenn Sie **gleichzeitig Lehrbuch, Streitstände und Gesetzestext** zur Hand haben, können Sie die zentralen Verknüpfungen erkennen, auf die es für erfolgreiche Klausuren ankommt.

Strukturieren Sie die Streitstände für sich selbst. In der Klausursituation werden Sie nur Argumente verwenden können, die Sie wirklich durchdrungen haben. **Verständnis und Gewichtung der Argumente** sind daher ein erster Schritt. Überlegen Sie sich sodann eine **sinnvolle Darstellung des Streitstands**, die Sie persönlich überzeugt. Zeigen Sie z.B. anhand des Gesetzeswortlauts die denkbaren Ansätze auf, streifen Sie anschließend systematische Bezüge und untermauern Sie Ihr Ergebnis teleologisch. Die jedem Streitstand beigefügten **Stichworte** helfen Ihnen, die tragenden Argumente in der Klausursituation abzurufen. Konzentrieren Sie sich dabei auf die groben **Argumentationslinien anstatt Einzelaspekte** auswendig zu lernen.

Die STREITSTÄNDE sind ein **Bestandteil eines neuartigen Konzepts der Examensvorbereitung**. Dieses besteht aus 3 Modulen: Neben Grundkenntnissen (JURISTISCHE GRUNDKURSE) stehen Fälle (KLAUSURENTRAINING) und Streitstände (STREITSTÄNDE KOMPAKT). Letztere setzen erhebliches Vorwissen voraus. Hier wird Ihnen erspart, nochmals längst bekannte Grundlagen zu lesen. Vielmehr finden Sie in komprimierter Form einen examenstypischen Auszug aus den Problemen des Besonderen Teils des Schuldrechts.

Die Fundstellen am Ende eines Streitstands sind **lesenswerte Ergänzungen** zu dem jeweils referierten Streitstand. Ich habe sie aus der Vielzahl der ausgewerteten Aufsätze und Kommentierungen sorgfältig ausgewählt.
Die Angaben neben der Überschrift eines Streitstands kennzeichnen die Fundstelle im **Palandt, 75. Auflage (2016)**. Nicht immer finden Sie an dieser Stelle umfangreiche Details zu dem Streitstand. Kommentieren Sie Ihren Kommentar für das Assessorexamen dann im Rahmen des Zulässigen.

Wenn Sie ein **systematisches Lehrbuch** zu Rate ziehen wollen, kann ich für die vertraglichen Schuldverhältnisse das Werk von *Huber*, Examens-Repetitorium Besonderes Schuldrecht/1 (4. Aufl. 2013) empfehlen. Im Bereich der gesetzlichen Schuldverhältnisse kann z.B. auf *Medicus*, Schuldrecht II Besonderer Teil (17. Aufl. 2014) zurückgegriffen werden.
Für die gerade im Schuldrecht **notwendige Aktualität** ist zudem eine regelmäßige Lektüre der klassischen Ausbildungszeitschriften sehr zu empfehlen. Bedenken Sie: Neue BGH-Entscheidungen, die in der Literatur kritisch aufgenommen werden, sind besonders interessant für jeden Autor von Examensklausuren. Gerade im Schuldrecht wird insoweit von Ihnen ein besonders aktueller Wissensstand erwartet.

Besuchen Sie bitte die Streitstände-Homepage:

www.juristische-streitstaende.de

Dort finden Sie weitere Streitstände zum kostenlosen Download.

Über Anregungen freue ich mich unter:

Dahlkamp@Juristische-Streitstaende.de

Berlin, im Dezember 2015

Notarassessor Christoph Dahlkamp, M.Jur. (Oxford)

Inhalt

Kaufrecht

Zu den **Kernelementen der Schuldrechtsreform 2002** gehörte die Neufassung des Kaufrechts. Dies hat die §§ 433 ff. BGB schon damals zum zentralen Ort für zahlreiche Auslegungs- und Streitfragen gemacht. Nach anfänglicher rein wissenschaftlicher Diskussion liegt **seit** geraumer Zeit auch höchstrichterliche Rspr vor.

Gerade im reformierten Kaufrecht weisen viele Streitstände noch immer folgende **Grundstruktur** auf: Ein Teil der Literatur schlägt aus Wertungsgesichtspunkten *teleologische Korrekturen* (Analogie/teleologische Reduktion) vor, die überwiegende Auffassung folgt hingegen zumeist bei einer *wortlautgetreuen Lösung.*

Für Sie heißt das in der Klausur: In der Regel bleibt es beim Gesetzeswortlaut!

Sie müssen aber Sinn und Zweck jeder Norm verstanden haben und die verschiedenen Lösungsansätze andeuten können. Dabei helfen Ihnen die hier referierten Streitstände.

Für die zahlreichen Bezüge der §§ 433 ff. BGB zum allgemeinen Leistungsstörungsrecht vgl. auch die **JURISTISCHEN STREITSTÄNDE**, **BGB AT/Schuldrecht AT**. Als ergänzendes Lehrbuch empfehle ich das exzellente, ausführliche und sehr gut lesbare Werk von *Oetker/Maultzsch*, Vertragliche Schuldverhältnisse (4. Aufl. 2013).

Seite

1 Einordnung des mangelbedingten Nutzungs-/Betriebsausfallschadens

P
§ 437
Rn 36

Die §§ 280 ff. BGB kennen drei Arten des Schadenersatzes (SE): **einfachen** SE (§ 280 I BGB), Ersatz des **Verzögerungsschadens** (§§ 280 I, II, 286 BGB) und SE **statt der Leistung** (§§ 280 I, III, 281-283 BGB). § 311a II BGB enthält eine zusätzliche Regelung für Fälle anfänglicher Leistungsbefreiung. Umstritten ist,

Streitstand ⇨ **wie ein Nutzungs-/Betriebsausfallschaden in das System der §§ 280 ff. BGB einzuordnen ist.**

Bsp.: Geschäftsausfall eines Restaurants, weil der gelieferte Pizzaofen mangelbedingt nicht eingesetzt werden kann.

a) Theorie vom Schadenersatz statt der Leistung

Vereinzelt wird darin ein **Schadenersatz statt der Leistung** gesehen.

Argument:

- Die §§ 280 ff. BGB haben die Unterscheidung zwischen Mangel- und Mangelfolgeschaden derart fortgeführt, dass hier SE statt der Leistung vorliegt.

b) Theorie vom Verzögerungsschaden

Teilweise wird der Schadensposten als **Verzögerungsschaden** verstanden.

Argumente:

- Wegen der Kodifikation der Erfüllungstheorie in **§ 433 I 2 BGB** liegt eine teilweise Nichtleistung und somit Verzögerung vollständiger Erfüllung vor.
- **Wertungsmäßig** erscheint es unbillig, den Nichtleistenden gegenüber dem Schlechtleistenden zu privilegieren, denn letzterer hat immerhin eine Leistung versucht. (Stichwort: ***Vergleich Schlecht-/Nichtleistung***)

c) Theorie vom einfachen Schadenersatz

Überwiegende Literatur und Rspr (BGHZ 181, 317 = NJW 2009, 2674) ordnen diesen Schaden als **einfachen Begleitschaden** ein.

Argumente:

- *Gegen die erste Ansicht* spricht die **Rechtslage im alten Werkvertragsrecht**, bei der auf Nutzungsausfallschäden die positive Vertragsverletzung (pVV) Anwendung fand. Diese ist nun in § 280 I BGB kodifiziert.
- *Gegen die zweite Auffassung* spricht sowohl der **Wortlaut des § 286 I BGB** („Nichtleistung", nicht „Schlechtleistung"), als auch die **Verweisungstechnik**

der **§§ 437 Nr. 3, 634 Nr. 4 BGB**. Diese verweisen auf §§ 281 und 283 BGB, nicht aber auf § 286 BGB. Selbst wenn Letzterer bereits über § 280 II BGB miteinbezogen wäre, dann hätte es wegen § 280 III BGB des ausdrücklichen Verweises auf §§ 281, 283 BGB nicht bedurft. (Stichwort: ***Verweise***)

- Der mangelbedingte Nutzungsausfallschaden kann nicht mehr rückwirkend erzielt werden, daher macht eine Fristsetzung bzw. Mahnung wenig Sinn. (Stichwort: ***Frist/Mahnung sinnlos***) Wenn die anderen Meinungen deswegen deren Entbehrlichkeit gemäß §§ 281 II bzw. 286 II BGB annehmen, ist dies im Vergleich zur Lösung über § 280 I BGB unnötig kompliziert.
- Die Einordnung als Begleitschaden überzeugt auch **wertungsmäßig**: Eine Schlechtleistung, bei der der Schuldner bereits in die Sphäre des Gläubigers eingedrungen ist, ist für diesen gefahrträchtiger als eine bloße Leistungsverzögerung. (Stichwort: ***größeres Schadenspotential***) Auch will sich der Gläubiger mit gerade diesem Gegenstand an den §§ 434 ff. BGB „messen lassen". Daher ist ein strengeres Haftungsregime gerechtfertigt.

Hinweise

- Der Streitstand beruht auf grundsätzlich unterschiedlichen Auffassungen zur **Abgrenzung von § 280 I BGB und §§ 280 I, III, 281 BGB**:
  - Teilweise (vgl. oben a)) stellt man auf die frühere Unterscheidung zwischen Mangel-/Mangelfolgeschaden ab. Das perpetuierte jedoch unnötig überkommene Abgrenzungsschwierigkeiten des alten Rechts.
  - Ganz herrschend wird gefragt, ob der Schaden *„vermieden worden wäre, wenn der Schuldner im spätestmöglichen Zeitpunkt noch erfüllt hätte."* Andernfalls ist eine Fristsetzung sinnlos und es greift § 280 I BGB.
- Streitig ist zudem die **Grenze von §§ 280 I, II, 286 BGB und § 280 I BGB**:
  - Teilweise (vgl. oben b)) soll jede Spätleistung zugleich teilweise Nichterfüllung sein, da das zeitbezogene Erfüllungsinteresse betroffen sei.
  - Ganz überwiegend soll § 280 II BGB dagegen den „Schaden [betreffen], der **allein** dadurch entsteht, dass der Schuldner seine Leistungspflicht bei Fälligkeit nicht erbringt." (vgl. Canaris, ZIP 2003, 321, 323 f)
- Merke: Die heute überwiegende Ansicht geht heute von einer **zeitlichen Einteilung** aus, d.h. **derselbe Schadensposten** kann (je nachdem) sowohl „Begleit-", „Verzögerungs-" und SE „statt der Leistung" sein.

Fundstellen

Grigoleit/Riehm, JuS 2004, 745; MünchKomm/*Ernst* (2012), § 280 Rn. 55 ff.

2 Bezugspunkt des Vertretenmüssens beim Schadenersatz statt der Leistung

P
§ 437
Rn 37

Im Rahmen des kauf-/werkvertraglichen Schadenersatzes statt der Leistung sind mehrere mögliche Anknüpfungspunkte für die anspruchsbegründende Pflichtverletzung denkbar, namentlich **a) die anfänglich mangelhafte Leistung** oder **b) eine fehlende oder schlechte Nacherfüllung**. Umstritten ist,

Streitstand ⇨ **worauf sich beim kaufrechtlichen Schadenersatz statt der Leistung das vermutete Vertretenmüssen genau bezieht, worin also die maßgebliche Pflichtverletzung zu sehen ist.**

Bsp.: Verkäufer V hat die ursprünglich Mangelleistung zu vertreten. Dass er später nicht nacherfüllen kann, ist ihm aber nicht vorzuwerfen.

a) Alternativlösung

Zum Teil soll ausreichen, dass der **Sachmangel als solcher** zu vertreten sei.

Argumente:

- § 439 I BGB führt nicht zum Neubeginn des Vertrages, sondern nur zu einer zweiten Chance für den Verkäufer. Nutzt er sie nicht, wird die bereits bestehende Schuld nicht beseitigt. (Stichwort: ***Schuldvorwurf besteht fort***)
- Was bei § 280 I BGB für Mangelfolgeschäden ausreicht, muss auch für § 281 BGB genügen (Stichwort: ***Gleichstellung mit 280 I***). Davon geht auch die Gesetzesbegründung aus und nur diese Lösung entspricht der bisherigen Rechtslage im Werkvertragsrecht, an welches das Kaufrecht angepasst wurde. (Stichwort: ***§ 635 a.F. BGB***)

b) Nacherfüllungstheorie

Anderer Auffassung zufolge soll **allein die fehlende oder schlechte Nacherfüllung** maßgeblich sein.

Argumente:

- Der Nacherfüllungsanspruch ist nicht nur zweite „Chance“ des Verkäufers im Sinne einer Obliegenheit, sondern eine **echte Pflicht**. Der ursprüngliche Erfüllungsanspruch aus § 433 I 1 BGB wird mit Entstehung des Nacherfüllungsanspruchs aus § 439 I BGB durch diesen ersetzt und ist daher nicht mehr „fällig“ nach § 281 BGB. (Stichwort: ***Fälligkeit***)
- Im neuen Kauf-/Werkvertragsrecht ergeben sich die wesentlichen Rechtsbehelfe aus dem allgemeinen Leistungsstörungsrecht. Rückschlüsse aus dem

alten Werkvertragsrecht sind daher nicht möglich. (Stichwort: ***altes Werkvertragsrecht irrelevant***)

- Für die Mangelhaftigkeit einer Sache muss der Käufer nicht gesondert entschädigt werden. Die Ansprüche auf Nacherfüllung nach § 439 I BGB und Ersatz von Mangelfolgeschäden gemäß § 280 I BGB reichen insoweit aus. (Stichwort: ***439 und 280 I reichen aus***)

- Bei unbehebbaren Mängeln haftet der Verkäufer nach §§ 437 Nr. 3, 311a II BGB nur dann, wenn er auch die Unmöglichkeit der Mangelbehebung durch Nacherfüllung kennt/fahrlässig nicht kennt. Allein die Zufälligkeit, ob ein Mangel behebbar ist oder nicht, darf aber keinen Unterschied machen. (Stichwort: ***Wertungseinklang 281 ⇔ 311a***)

Hinweise

- Vereinzelt wird auch ein **kumulatives Vertretenmüssen** beider Bezugspunkte für notwendig erachtet. Dagegen wird aber vorgebracht, dass dies eine unverdiente Besserstellung des Gläubigers wäre.

- Gestritten wird auch über die **Rechtsnatur des § 280 I 2 BGB**. Überwiegend wird von einer *Beweislastregel* gesprochen, andere sehen die Norm als *materiellen Haftungsausschlussgrund* an. Der Streit ist aber letztlich ohne Klausurrelevanz. Wichtiger ist jedoch die wichtige Ausnahme des 619a BGB im Arbeitsrecht.

Fundstellen

MünchKomm/*Westermann* (2012), § 437 Rn. 27 ff.; *Lorenz* in: Festschrift für U. Huber (2006), S. 423-435.

3 Arglistige Verkäufer und Unerheblichkeit eines Mangels nach § 323 V 2 BGB

P § 323 Rn 32

Ein Mangel ist „**unerheblich**" im Sinne von § 323 V BGB, wenn er leicht erkennbar und mit geringer Mühe / unbedeutendem Kostenaufwand zu beseitigen ist. Streitig ist, ob diese Norm auch arglistigen Verkäufern zugute kommen darf, d.h.

Streitstand ⇨ **ob Arglist des Verkäufers für die Unerheblichkeit (mit)bestimmend sein kann.**

a) Vermutungslösung

Nach der Rspr (BGHZ 167, 19) soll bei Arglist des Schuldners regelmäßig kein u**nerheblicher Mangel vorliegen** (Ausnahme: Bagatellfälle).

Argumente:

- Anders als noch § 459 I 2 BGB a.F. stellt der neue § 323 V 2 BGB nicht mehr auf die Unerheblichkeit *des Mangels* ab, sondern auf das Merkmal der *Pflichtwidrigkeit* und rückt damit das **Verhalten des Schuldners** in den Vordergrund. Daher kann die Arglist Berücksichtigung finden. (Stichwort: ***Pflichtwidrigkeit => Schuldnerverhalten maßgeblich***)
- Nach dem Regel-Ausnahme-Verhältnis der § 323 I und V 2 BGB besteht bei einer Pflichtverletzung generell ein Rücktrittsrecht, welches ausnahmsweise bei überwiegendem Interesse des Schuldners ausgeschlossen sein soll. Das Vertrauen des Schuldners in den Fortbestand des Rechtsgeschäfts verdient aber dann keinen Schutz, wenn er den Vertragsschluss arglistig herbeigeführt hat. (Stichwort: ***Arglist => kein schutzwürdiges Vertrauen***)

b) Irrelevanztheorie

Ein Teil der Literatur ist **gegen** eine Berücksichtigung von Arglist.

Argumente:

- „Pflichtverletzung" in § 323 V 2 BGB ist nicht mit „Verhalten des Schuldners" gleichzusetzen. Der Terminus bezieht sich nur auf *Leistungs*pflichten, im Kaufrecht also auf die Pflicht aus § 433 I 2 BGB bzw. § 439 BGB zur mangelfreien (Nach)Lieferung. (Stichwort: ***Nur Leistungspflichten***)
- Die für arglistiges Verhalten einschlägigen Vorschriften der § 123 BGB und §§ 280 I, 311 II, 241 II BGB dürfen nicht umgangen werden. (Stichwort: ***Keine Umgehung von 123 und culpa in contrahendo***)
- Die Gegenansicht reichert die objektive Ebene der Pflichtverletzung mit subjektivem Vertretenmüssen an und vermischt dabei zwei grundlegende

dogmatische Kategorien. Dass aber der Gesetzgeber auch nach der Schuldrechtsreform diese Kategorien deutlich unterscheidet, zeigt etwa § 573 II Nr. 1 BGB. (Stichwort: ***objektiv und subjektive Ebene***)

- Das angebliche Regel-Ausnahme-Verhältnis der Gegenansicht besteht nicht. Wegen des Fristerfordernisses ist **Vertragsfortführung die Regel**.
- Die Gegenmeinung schafft der Sache nach zusätzlich zum un-/erheblichen Mangel eine ungeschriebene dritte Kategorie des (wohl auch bei Arglist unerheblichen) Bagatellmangels. (Stichwort: ***Keine dritte Kategorie***)

Hinweise

- Einige Autoren schlagen **vermittelnd** vor, die Arglist im Rahmen einer umfassenden Gesamtabwägung (lediglich in Zweifelsfällen) zu berücksichtigen.
- Aufgrund des gesetzgeberischen Gleichlaufs von Schadenersatz und Rücktritt stellt sich eine vergleichbare Frage im Rahmen von **§ 281 I 3 BGB**.
- Unabhängig vom obigen Streitstand hat der Gläubiger bei Arglist des Schuldners die Möglichkeit, sich nach §§ 280 I, 311 II, 241 II BGB oder § 123 BGB vom Vertrag zu lösen. Denken Sie in der Klausur an die jeweilige Konkurrenz zum Gewährleistungsrecht (vgl. **JURISTISCHE STREITSTÄNDE**, **BGB AT/Schuldrecht AT, Nr. 23**).
- Fraglich ist, ob arglistiges Verschweigen des Mangels auch zu **Entbehrlichkeit der Fristsetzung** nach § 323 II Nr. 3 BGB bzw. § 281 II Alt. 2 BGB führt:
  - Einige **verneinen** dies unter Berufung auf *pacta sunt servanda* und die Fristsetzung als zentrale dogmatische Kategorie des Schuldrechts.
  - Der BGH (ZGS 2007, 109-111) und Teile der Literatur sehen die Frist unter Hinweis auf den notwendigen Käuferschutz vor neuerlichen Täuschungsversuchen und die Unzumutbarkeit der weiteren Zusammenarbeit als **entbehrlich** an. (Stichwort: ***Vertrauensgrundlage***) Denn der Verkäufer „verdient" keine weitere Chance zur Fehlerbeseitigung, wenn er diese aufgrund seiner Mangelkenntnis schon vor Lieferung der Sache hatte. (Stichwort: ***Verkäufer verdient kein Recht zur 2. Andienung***)
- Die Rspr nimmt bei § 323 V 2 BGB eine umfassende Interessenabwägung auf der Grundlage der Umstände des Einzelfalls vor (vgl. nur BGHZ 201, 290 = NJW 2014, 3229). Dabei ist regelmäßig eine Unerheblichkeit zu verneinen, wenn der Mangelbeseitigungsaufwand 5 Prozent des Kaufpreises übersteigt.

Fundstellen

Lorenz, NJW 2006, 1925; MünchKomm/*Ernst* (2012), § 323 Rn. 243 ff. (243b).

4 Selbstvornahme der Mängelbeseitigung im Kaufrecht

P
§ 326
Rn 13

Die Rechte des Käufers bei mangelhafter Kaufsache regelt § 437 BGB. Anders als im Werkvertragsrecht (vgl. §§ 634 Nr. 2, 637 BGB) enthält die Norm kein Recht zur Selbstvornahme der Mängelbeseitigung durch den Käufer.

Ist eine zur Nacherfüllung gesetzte **Frist fruchtlos abgelaufen**, kann der Käufer die Kosten einer Selbstvornahme unproblematisch als Schadenersatz statt der Leistung (§§ 280 I, III, 281 bzw. 283 BGB) ersetzt bekommen.

Vor Fristablauf kann er diese nicht verlangen: Schadenersatz statt der Leistung, Rücktritt und Minderung scheitern jedenfalls am fehlenden Fristablauf, ebenso wie eine (zum Teil vertretene) analoge Anwendung von § 637 BGB. Auch eine Geschäftsführung ohne Auftrag (GoA) scheidet regelmäßig mangels Fremdgeschäftsführungswillens aus. Mithin hat der Käufer keinen Anspruch auf Ersatz der durch Selbstvornahme entstandenen *Aufwendungen*. Umstritten ist aber,

Streitstand ⇨ **ob der Verkäufer zumindest das erstatten muss, was er für die Nacherfüllung hätte aufwenden müssen (§ 439 II BGB) und jetzt erspart hat.**

a) Theorie der (analogen) Anwendung von § 326 II 2 BGB

Teilweise wird darauf hingewiesen, dass in einem solchen Fall der Unmöglichkeit der Nacherfüllung zwar der Kaufpreisanspruch gemäß § 326 I 2 BGB in voller Höhe bestehen bleibt. Der Verkäufer muss sich aber **(analog) § 326 II 2 BGB** die ersparten Aufwendungen anrechnen lassen.

Argumente:

- Aus Wertungsgesichtspunkten erscheint es billig, das „Zuviel" des Verkäufers abzuschöpfen. Auch die Tatsache, dass das Kaufrecht kein Recht zur Selbstvornahme vorsieht, steht der **Abschöpfung einer Bereicherung** des Verkäufers nicht entgegen. (Stichwort: ***Billigkeit***)
- Die systematische Stellung des § 326 II 2 BGB im allgemeinen Schuldrecht ermöglicht seine Anwendbarkeit auch im Kaufrecht. (Stichwort: ***Systematik***)
- Der Einwand, der Käufer könne eine Rückzahlungsklage aus §§ 326 IV, 346 ff. BGB nicht beziffern, greift zu kurz. Denn eine Stufenklage (§ 254 ZPO) ist jedenfalls möglich. (Stichwort: ***Anspruch bezifferbar***)

b) Theorie der Sperrwirkung des Gewährleistungsrechts

Die Rspr (vgl. nur BGHZ 162, 219) **verneint eine Erstattungspflicht.**

Argumente:

- §§ 434 ff. BGB liegt ein abschließendes Haftungskonzept zugrunde. Hierzu gehört als zentrales Prinzip der Vorrang der Nacherfüllung, der nicht unterlaufen werden darf. (Stichwort: ***Recht zur zweiten Andienung***)
- Der Verkäufer hätte sonst keine Möglichkeit, die tatsächliche Existenz eines Mangels zu prüfen. Eine dem Käufer hierfür auferlegte Beweislast ist keine Lösung, da der Verkäufer jedenfalls keine denkbare Möglichkeit zur Beweiserschütterung hat. (Stichwort: ***Möglichkeit zur Mängelprüfung***)
- Trotz des Gleichlaufs der Mängelgewährleistungsvorschriften in Kaufrecht und Werkvertragsrecht hat der **Gesetzgeber** bewusst auf eine § 637 BGB entsprechende Norm im Kaufrecht verzichtet. Es fehlt daher schon an der für eine Analogie erforderlichen Gesetzeslücke. Zudem setzt sogar § 637 BGB einen fruchtlosen Fristablauf voraus.
- Die Wertungen des § 326 II 2 BGB sind schon deswegen nicht vergleichbar, weil **kein Fall der Unmöglichkeit**, sondern gerade Erfüllung vorliegt.

Hinweise

- Einige konstruieren die Erstattungspflicht alternativ oder kumulativ zur ersten Auffassung über **GoA** (§§ 684 S. 1, 818 BGB) oder **Nichtleistungskondiktion** (§ 812 I 1 Alt. 2 BGB). Dabei wird zum Teil auch auf den Aspekt der aufgedrängten Bereicherung hingewiesen (vgl. **STREITSTAND Nr. 60**).
- Da es im Kern nicht um Aufwendungsersatz, sondern um die Abschöpfung einer Bereicherung geht, stellt sich (trotz § 637 BGB) dieselbe Frage im Werkvertragsrecht. Beachten Sie im Mietrecht auch §§ 536a, 539 I BGB.
- Ein ähnlicher, aber zu differenzierender Fall liegt vor, wenn die Unmöglichkeit der Nacherfüllung nicht auf vorzeitiger, eigenmächtiger Selbstvornahme beruht, sondern während einer Materialuntersuchung zur Mangelfeststellung eintritt. Bei dieser anders gelagerten Wertungsfrage orientierte sich die Rspr an der Analogielösung (OLG München ZGS 2007, 80). Von der obigen Sachlage abzugrenzen war ebenso BVerfG ZGS 2006, 470-474.
- In einer zum Tierkauf ergangenen Entscheidung deutete die Rspr (vgl. BGH MDR 2006, 141-142) im Rahmen von § 281 II BGB eine Differenzierung zwischen Notfallmaßnahmen und endgültiger Mängelbeseitigung an. Dies hätte freilich Auswirkungen auf den obigen Streitstand.

Fundstellen

Wall, ZGS 2011, 166 ff.; *Katzenstein*, ZGS 2004, 144 ff., 300 ff., 349 ff.

5 Auswirkungen der §§ 434 III, 633 II 3 BGB auf das allg. Leistungsstörungsrecht

P
§ 323
Rn 24

Erbringt der Schuldner eine Leistung nicht vollständig (Teilleistung) oder nicht vertragsgemäß (Schlechtleistung), so ist ein Teilrücktritt bzw. Teilschadenersatz unter den allgemeinen Voraussetzungen möglich. Für einen Rücktritt vom ganzen Vertrag bzw. Schadenersatz statt der ganzen Leistung normieren die §§ 281 I 2, 3 und 323 V 1, 2 BGB besondere, differenzierte Voraussetzungen:

Im Fall einer **Schlechtleistung** sind diese recht niedrig: Maßstab ist die vermutete Erheblichkeit der Pflichtverletzung (vgl. §§ 323 V 2 und 281 I 3 BGB).

Schwieriger darzulegen ist der Interessefortfall bei einer **Teilleistung** (vgl. „an Teilleistung kein Interesse" in §§ 323 V 1 und 281 I 2 BGB).

Da §§ 434 III Alt. 2 und 633 II 3 Alt. 2 BGB insoweit nicht unterscheiden, sondern die Zuwenig-Lieferung einem Sachmangel gleichstellen, ist die vom Gesetzgeber bewusst offen gelassene Frage umstritten,

Streitstand ⇨ **ob eine Zuwenig-Lieferung kraft Verweisung auch bei §§ 281 I, 323 V BGB als Schlecht- oder als Teilleistung anzusehen ist.**

a) Theorie der Einheitlichkeit kraft Modifikation

Teilweise wird eine Gleichstellung **bejaht**. Einschlägig seien daher §§ 281 I 3 und 323 V 2 BGB mit der Folge einer erleichterten Gesamtabwicklung.

Argumente:

- Eine **Einheitlichkeit der Terminologie** im gesamten Schuldrecht ist wünschenswert und schafft Rechtssicherheit. Auch ist nicht ersichtlich, warum die Zuwenig-Lieferung bei Nacherfüllungsanspruch und Minderung als *Schlecht*-, bei Rücktritt und Schadenersatz aber als *Teil*leistung gelten soll.

- Die Zuwenig-Lieferung führt bei Vorliegen einer entsprechenden Tilgungsbestimmung zu vollständiger Erfüllung. Der Primäranspruch erlischt und es liegt fortan eine mangelhafte Vollleistung vor. Die Tatsache, dass §§ 437, 634 BGB für die Rechtsbehelfe dann auf §§ 281, 323 BGB verweisen, ändert hieran nichts. Denn diese sind gerade nicht originär anwendbar und daher entsprechend zu modifizieren. (Stichwort: ***Verweis => Modifikation***)

- Die **Gesetzesbegründung** (BT-Drucksache 14/6040, 187) führt als Beispiel an, dass es keinen Unterschied machen kann, ob der Käufer bei 100 bestellten Weinflaschen nur 90 geliefert bekommt oder ob 100 Flaschen vollständig geliefert werden, davon aber 10 bereits verdorben sind.

- Nach Art. 3 VI der **Verbrauchsgüterkaufrichtlinie** hat der Käufer bei nur „geringfügiger Vertragswidrigkeit" (d.h. bei unerheblicher Pflichtverletzung) kein Rücktrittsrecht, **unterschiedslos für Schlecht- und Teilleistung**.

b) Trennungstheorie

Viele **lehnen** eine Modifikation durch §§ 434 III Alt. 2, 633 II 3 Alt. 2 BGB **ab**.

Argumente:

- Dagegen spricht bereits der **unterschiedliche Wortlaut**, nämlich „Sachmangel" in § 434 III BGB aber „nicht vertragsgemäße" bzw. "nicht wie geschuldete Leistung" in §§ 323 V 2 bzw. 281 I 3 BGB.
- Eine erleichterte Gesamtabwicklung führte zu einer ungerechtfertigten Privilegierung des *Kauf-* / *Werk*vertragsschuldners und widerstrebt dem Grundsatz pacta sunt servanda, den der Gesetzgeber mit der Reform stärken wollte. (Stichwort: ***Wertungswidersprüche***)
- **Sinn und Zweck der §§ 434 III, 633 II 3 Alt. 2 BGB** ist es, Abgrenzungsschwierigkeiten zu vermeiden und die Rechtsfolgen zu vereinheitlichen. Dieser Zweck wird auch bei einer eingeschränkten Geltung nur für die §§ 433 ff., 631 ff. BGB erreicht. Der ökonomische **Telos der §§ 281 I, 323 V BGB** liegt hingegen in der Vermeidung von Transaktionskosten: Da bei Mengenabweichungen das Leistungsinteresse des Gläubigers typischerweise teilbar ist, er also nur ausnahmsweise einen schutzwürdigen Vorteil aus einer Vollabwicklung zieht, sind hier die Anforderungen höher als bei Qualitätsmängeln. Dieser Zweck liefe aber leer, wenn er durch das Kauf- und Werkvertragsrecht konterkariert würde. Dies gilt umso mehr, als auch die praktisch relevanten Anwendungsfälle der §§ 281 I 2, 323 V 1 BGB im Kauf- / Werkvertragsrecht liegen (Stichwort: ***Telos-Vergleich***)

Hinweis

Das Problem stellt sich nur bei Vorliegen einer Tilgungsbestimmung des Schuldners, wenn dieser also beispielsweise 90 Weinflaschen liefert und dabei äußert, dies seien „die bestellten 100 Flaschen". Auch muss der Gläubiger die Teilleistung angenommen haben. Weist er sie nach § 266 BGB zurück, ist ein Fall der vollständigen Nichtleistung gegeben. Dann ist ein Rücktritt vom ganzen Vertrag bzw. Schadensersatz statt der ganzen Leistung ohne weiteres möglich.

Fundstellen

MünchKomm/*Ernst* (2012), § 323 Rn. 213-216; *Grigoleit/Riehm*, ZGS 2002, 115.

6 Anwendung von § 434 III Alt. 1 BGB auf eine höherwertige Falschlieferung

P
§ 434
Rn 52

Umstritten ist,

Streitstand ⇨ **ob auch ein *höher*wertiges aliud („melius") einen Sachmangel i.S.d. § 434 III BGB begründet.**

a) Theorie des minderwertigen Alterius

Einige meinen, § 434 III BGB sei in diesem Fall **teleologisch zu reduzieren**.

Argumente:

- Ein „Mangel" sei schon dem **Wortsinn** nach stets ein „Weniger".Auch die Zuwenig-Lieferung in § 434 III Alt. 2 BGB ist ein negatives ungünstiges Abweichen vom Soll (Stichwort: ***Innernorm-Systematik***).
- Der Käufer ist nicht schutzwürdig, da bei einem höherwertigen aliud seine **Erwartungen** an die vertragsgemäße Leistung sogar **übertroffen** werden.

b) Theorie der umfassenden Falschlieferung

Überwiegend ist man der Ansicht, § 434 III Alt. 1 BGB passe **für alle Arten einer Falschlieferung**, auch für ein höherwertiges aliud.

Argumente:

- Dass allein die Höherwertigkeit stets dazu führt, dass die geschuldete Leistung in dem tatsächlich Gelieferten enthalten ist, ist pure Illusion.
- Aus der Gegenauffassung ergeben sich **Abgrenzungsschwierigkeiten**, wie zB die Frage, wann eine Sache höherwertig ist. Diese Probleme wollte der **Gesetzgeber** ausweislich der Gesetzesbegründung bewusst überwinden.

Hinweise

- In gleicher Weise ist auch umstritten, ob **§ 434 III Alt. 1 BGB bei Extremabweichungen** teleologisch zu reduzieren ist, zB bei Lieferung eines Notebooks statt des geschuldeten Pferds:
  - *Für* eine teleologische Korrektur spricht, dass bei Extremabweichungen eine **Minderung nach § 441 III BGB nicht durchführbar** ist, sowie die **Missbrauchsgefahr**, dass nämlich der Verkäufer durch bewusste Falschlieferung die kurze Verjährung des § 438 BGB ausnutzen könnte.
  - *Dagegen* spricht aber zum einen die Tatsache, dass der Käufer in diesen Fällen die Falschlieferung mühelos als solche erkennen und zurückwei-

sen kann (Stichwort: ***Missbrauchsgefahr gebannt***) und zum Anderen Aspekte der **genetischen Auslegung**. Denn im Gesetzgebungsprozess war die Norm zeitweise entsprechend der Gegenauffassung gestaltet, in der Endfassung des § 434 III BGB aber nicht mehr.

- Diskutiert wird ferner, ob § 434 III Alt. 2 BGB auf eine **Zuviel-Lieferung** analog anzuwenden ist. Dafür fehlt es jedoch bereits an einer planwidrigen Unvollständigkeit des Gesetzes. Denn sowohl die frühere Norm für Mengenfehler in § 378 HGB a.F. als auch die Regelung in Art. 35 CISG hat der Gesetzgeber zwar erörtert, sich aber bewusst dagegen entschieden.
- Machen Sie sich mit den üblichen Ausdrücken zu § 434 III Alt. 2 BGB vertraut: Eine Lieferung zur vollständigen Erfüllung, also eine Zuwenig-Lieferung mit Tilgungsbestimmung, wird oft als **„verdeckte"** und eine bewusste Teilleistung als **„offene" Mankolieferung** bezeichnet.
- Für die Lieferung eines höherwertigen Alterius kann der Verkäufer einen höheren Kaufpreis nur dann verlangen, wenn von einer – jedenfalls stillschweigenden – Vertragsänderung ausgegangen werden kann. Da dies selten der Fall sein wird, stellt sich in einer Klausur im Anschluss häufig die **Frage, ob der Verkäufer das gelieferte aliud nach § 812 I 1 Alt. 1 BGB kondizieren kann**. Die Anwendbarkeit dieser Norm wird bejaht, denn daraus, dass die §§ 434 ff. BGB nur die Rechte des Käufers normieren, folgt nicht, dass der Verkäufer keine Ansprüche hat. Umstritten ist aber, ob sich aus dem Kaufvertrag oder aus § 434 III Alt. 1 BGB ein **Rechtsgrund** ergibt:
  - Vereinzelt wird dies mit der Erwägung **bejaht**, dass nur der Käufer die Art der Nacherfüllung wählen kann, dass also der Verkäufer zB durch Kondiktion und Neulieferung das Recht auf Nach*besserung* untergraben könnte. (Stichwort: ***§ 439 IV***) Einige beschränken dies wiederum auf Fälle, in denen die gelieferte Sache *erheblich wertvoller* als der Kaufpreis ist.
  - Überwiegend **verneint** man das Vorliegen eines Behaltensgrundes. Denn über das tatsächlich gelieferte aliud ist kein Kaufvertrag geschlossen worden. Genauso wenig wie der Verkäufer ein „Recht zur Lieferung eines aliud" hat, stellen Kaufvertrag und § 434 III BGB einen Rechtsgrund dar. (Stichwort: ***Äquivalenzgedanke***) Auch sollen die Gewährleistungsrechte den Käufer nur vor einer sachmangelhaften Lieferung schützen, ihm aber keinen Vorteil gewähren. (Stichwort: ***Schutzzweck der Mängelrechte***)
- In juristischen Prüfungen lässt sich die zuletzt erörterte Frage gut mit § 241a BGB kombinieren (dazu **Juristische Streitstände, BGB AT/Schuldrecht AT, Nr. 39** und **Juristische Streitstände, Sachenrecht, Nr. 11**).

Fundstelle: *Looschelders*, Schuldrecht Besonderer Teil (2015), § 3 V. 3.

7 Fehlende Eigentumsverschaffung als Rechtsmangel im Sinne des § 435 BGB

P
§ 435
Rn 8

Umstritten ist,

Streitstand ⇨ **ob die fehlende Eigentumsverschaffung ein Rechtsmangel im Sinne des § 435 BGB ist.**

a) Erfüllungstheorie

Ein Teil der Literatur und die neuere Rspr (BGH NJW 2007, 3777) **lehnen einen Rechtsmangel ab**, stattdessen sei schlicht nicht erfüllt worden. Konsequent könne auch mit § 435 S. 2 BGB keine unrichtige Eigentumseintragung, sondern nur eine eingetragene Scheinbelastung im Grundbuch gemeint sein.

Argumente:

- Der **Wortlaut von § 433 I 1 BGB** enthält die Pflicht des Verkäufers zur Eigentumsverschaffung. Die Pflicht zur sach- und rechtsmängelfehlerfreien Leistung (§§ 433 I 2, 434 f. BGB) ist systematisch danach geregelt. (Stichwort: ***systematischer Vorrang***)
- Ein Rechtsmangel kann nur in der Belastung des Rechts durch einen Dritten liegen, das fehlende Eigentum stellt aber nicht eine solche Last dar.

b) Rechtsmangeltheorie

Andere sehen auch die fehlende Eigentumsverschaffung als **Rechtsmangel** an.

Argumente:

- Wenn schon *beschränkte* dingliche Rechte für § 435 BGB ausreichen, dann erst recht das Eigentum als das umfassendste dingliche Recht der Privatrechtsordnung. (Stichwort: ***a fortiori, umfassendes dingliches Recht***)
- Der Anspruch des Käufers aus § 433 I 1 BGB unterliegt der regelmäßigen Verjährung (§§ 195, 199 BGB). Er selbst ist aber dem Vindikationsanspruch des Eigentümers ausgesetzt, der in 30 Jahren ab Abhandenkommen der Kaufsache (§§ 197 I Nr. 1, 200 S. 1 Hs. 1 BGB) verjährt. Diese „Verjährungsfalle" bestünde bei Annahme eines Rechtsmangels wegen § 438 I Nr. 1 lit. a, II BGB (30 Jahre ab Ablieferung der Sache) nicht. (Stichwort: ***Regressfalle***)

Hinweis

Relevanz hat der Streit zB für die Anwendbarkeit von §§ 326 I 2, 441 und 442 BGB.

Fundstellen: *Meier*, JR 2003, 353, 354f.; Scheuren-Brandes, ZGS 2005, 205 ff.

8 Teleologische Reduktion von § 438 BGB bei Ersatz von Mangelfolgeschäden

P
§ 438
Rn 11

Im Normalfall verjähren die Gewährleistungsrechte gemäß § 438 I Nr. 3 BGB in zwei Jahren ab Ablieferung der Kaufsache ein. Umstritten ist jedoch,

Streitstand ⇨ **ob diese kurze Verjährung auch für Ansprüche auf Ersatz von Mangelfolgeschäden gilt.**

a) Theorie der wertungskorrigierten Verjährung

Vereinzelt wird eine **teleologische Reduktion von § 438 BGB** erwogen; Mangelfolgeschäden sollen vielmehr der **regelmäßigen Verjährung** unterliegen.

Argumente:

- Folgte man der Gegenauffassung, dann könnte der Anspruch auf Ersatz eines Folgeschadens, der auf einem Mangel beruht, verjähren, bevor der Schaden selbst entsteht. (Stichwort: ***Widerspruch bzgl. Entstehung***)
- Der Gesetzgeber wollte die Sonderstellung des Gewährleistungsrechts im Vergleich zum allgemeinen Leistungsstörungsrecht abschwächen. Insoweit ist der Wortlaut von § 438 BGB zu weit geraten.

b) Wortlautgetreue Lösung

Die überwiegende Meinung wendet **§ 438 BGB auf sämtliche Ansprüche** auf Schadenersatz an, die auf einem Mangel beruhen.

Argumente:

- Die Gegenauffassung wurde im Gesetzgebungsverfahren diskutiert, der **Gesetzgeber** ist ihr aber nicht gefolgt. Die heutige Gesetzesfassung ist vielmehr in **Wortlaut** und **Systematik** eindeutig. (Stichwort: ***Gesetz eindeutig***)
- Die **schwierige Unterscheidung von Mangel- und Mangelfolgeschäden**, die früher zu vielen Problemen geführt hat, wollte der Gesetzgeber in der Neufassung gerade vermeiden.
- **Die Interessen des Käufers sind** durch die zweijährige (im Vergleich zur früheren sechsmonatigen) Verjährung und durch konkurrierende deliktische Ansprüche, die in regelmäßiger Frist verjähren, **ausreichend geschützt**.

Hinweise

- Zur ersten Ansicht wird als Variante auch vertreten, dass nach **Sach-** (nur dann § 438 BGB) **und Personenschäden zu** differenzieren sei. Auch für diese Wertungskorrektur lässt sich dem Gesetz jedoch nichts entnehmen.

- Beachten Sie auch **Neubeginn** und **Hemmung der Verjährung**, sowie die begrenzte Zulässigkeit von Vereinbarungen über die Verjährung (§ 202 I, II BGB). In einer kaufrechtlichen Klausur begegnen Ihnen zB folgende Fälle:
  - Falls der Verkäufer mit der Nacherfüllung explizit einverstanden ist, sollten Sie prüfen, ob ein „**Anerkenntnis**" mit der Folge des Neubeginns der Verjährung gemäß § 212 I Nr. 1 BGB vorliegt. Das hängt nach der Rspr davon ab, ob dem Verkäuferverhalten das Bewusstsein vom Bestehen des Anspruchs unzweideutig zu entnehmen ist. Im Anschluss kann sich die (Auslegungs)Frage stellen, ob das Anerkenntnis nur auf ein mangelhaftes Einzelteil bezieht oder die gesamte Kaufsache umfasst.
  - Alternativ ist an ein „**Verhandeln**" im Sinne des § 203 BGB mit der Folge der Verjährungshemmung zu denken. Die Rspr versteht diesen Begriff äußerst weit, *jede Art des Meinungsaustauschs zwischen den Parteien über den Anspruch oder seine tatsächlichen Grundlagen* reicht aus, das Vorliegen einer Vergleichsbereitschaft ist keine Voraussetzung. Der typische Fall eines Verhandelns ist es daher etwa, wenn der Verkäufer sich der Zeit zur Prüfung der Kaufsache erbittet.
  - Eine Modifikation kann sich daraus ergeben, dass der **Nacherfüllungsversuch des Verkäufers fehlschlägt**: Zwar muss der Käufer hier ausreichend Zeit zur Prüfung der nacherfüllten Kaufsache haben. Eine zusätzliche Schutzwürdigkeit des Käufers wird aber angesichts der Regelung des **§ 203 S. 2 BGB** verneint, wonach Verjährung nicht früher als drei Monate nach dem Ende der Hemmung eintreten kann.
- Die Einordnung von Fällen, in denen der **Verkäufer die Nacherfüllung ablehnt oder untätig bleibt**, ist umstritten:
  - Vereinzelt sieht man es in diesen Fällen als **unzulässige Rechtsausübung** (§ 242 BGB) des Verkäufers an, wenn er die Verjährungseinrede des § 214 BGB erhebt.
  - Ganz überwiegend nimmt man schlicht **weder Hemmung noch Neubeginn der Verjährung** an. Denn eine Auslegung des Verkäuferverhaltens ergibt hier weder „Anerkenntnis" noch „Verhandeln" des Verkäufers. Auch lässt sich aus § 204 BGB im Umkehrschluss entnehmen, dass die bloße außergerichtliche Aufforderung zur Durchführung einer Nacherfüllung nicht zur Hemmung führen soll. (Stichwort: ***§ 204 e contrario***)

Fundstellen

Staudinger/*Matusche-Beckmann* (2014), § 438 Rn. 22; MünchKomm/*Westermann* (2012), § 438 Rn. 9 f.

9 Nacherfüllung durch Lieferung einer mangelfreien Sache beim Stückkauf

P
§ 439
Rn 15

Gemäß § 439 I BGB kann der Käufer zwischen zwei Arten der Nacherfüllung wählen, **Nachbesserung** (§ 439 I Alt. 1 BGB) und **Ersatzlieferung** (§ 439 I Alt. 2 BGB). Sofern nicht eine der Gattung nach bestimmte Sache geschuldet wird (Stichwort: ***Gattungsschuld***), sondern der Kaufvertrag von vorneherein auf eine konkrete Sache beschränkt ist (Stichwort: ***Stückschuld***), ist umstritten, ob

Streitstand ⇨ **eine Nacherfüllung in Form der Ersatzlieferung auch beim Stückkauf prinzipiell möglich ist.**

Bsp.: Der von A bei B nach einer Probefahrt ausgesuchte Pkw ist mangelhaft. A verlangt daraufhin Ersatzlieferung eines gleichartigen Fahrzeugs.

a) Theorie der reinen Nachbesserung

Zum Teil **lehnt** man einen Anspruch auf Nach*lieferung* beim Spezieskauf **ab**.

Argumente:

- Wenn die Parteien für den **Erfüllungsanspruch** aus § 433 I 1 BGB Lieferung einer genau bestimmten Sache vereinbart haben, gilt dies auch für den **Anspruch auf Nacherfüllung** gemäß § 439 I BGB (Stichwort: ***Pflichtenkatalog identisch***). Nur mit dieser Sache kann dann erfüllt werden.
- Vorbild für die Verbrauchsgüterkaufrichtlinie war **Art. 46 CISG**. Dort lehnt man einen Ersatzlieferungsanspruch beim Stückkauf aber überwiegend ab.
- Der Käufer einer mangelhaften Sache hat in erster Linie Interesse an Rücktritt, Schadenersatz und Minderung (Stichwort: ***Sekundärrechte stärken***).

b) Theorie der umfassenden Nacherfüllung

Rspr (BGH NJW 2006, 2839) und überwiegende Literatur sprechen heute dem Käufer auch im Fall des Stückkaufes **beide Arten der Nacherfüllung** zu.

Argumente:

- Der Nacherfüllungsanspruch ist eine Fortsetzung des ursprünglichen Erfüllungsanspruchs *in modifizierter Form* (zB Verjährung, Ort der Erfüllung, vgl. **STREITSTAND Nr. 14**). Eine weitere **Modifikation** ist die Aufteilung in zwei ursprünglich nicht geschuldete Arten der Nacherfüllung. (Stichwort: ***Dogmatik***)
- Nach dem **Wortlaut von § 439 I BGB** ist der Ersatzlieferungsanspruch – anders als bei § 480 BGB a.F. und §§ 524 II, 2183 BGB – **nicht auf Gattungsschulden beschränkt**. Dies schafft **Rechtssicherheit**, da in der Praxis eine Abgrenzung zwischen Stück- und Gattungsschuld schwierig ist.

- Auch der **Gesetzgeber** ging davon aus, dass „bei dem Kauf einer bestimmten gebrauchten Sache … eine Nachlieferung *zumeist*" – also nicht immer – ausscheiden werde. (Stichwort: ***Gesetzesbegründung e contrario***)
- Andernfalls würde auch der den §§ 437 ff. BGB zu Grunde liegende **Vorrang der Nacherfüllung** beim Spezieskauf umgangen.
- Durch einen solchen Ersatzlieferungsanspruch wird dem Verkäufer auch **kein übermäßiges Beschaffungsrisiko** auferlegt, denn er wird durch die Regelung des **§ 439 III BGB** ausreichend geschützt.
- Diese Lösung ist schließlich auch **interessengerecht**: Das Interesse des Käufers, eine mangelfreie Sache zu erhalten, wird gestärkt und der Verkäufer bekommt eine zusätzliche Möglichkeit, sich den Kaufpreis zu „verdienen".

Hinweis

Schon in der Gesetzesbegründung (BT-Drucksache 14/6060, S. 209) wird deutlich, dass eine Nachlieferung trotzdem nicht bei jedem Stückkauf möglich sein soll. Umstritten ist aber, **welches Kriterium** für die Möglichkeit maßgeblich ist:

- Zum Teil wird dies nur bei **vertretbaren Sachen** im Sinne von § 91 BGB bejaht. (Stichwort: ***objektive Lösung***) *Dagegen* wird vorgebracht, dieses objektive Merkmal berücksichtige die Privatautonomie nicht ausreichend. Auch könne eine solche Kategorie des deutschen Rechts nicht entscheidend sein. Schließlich war die Vertretbarkeit der Sache auch in einem ersten Entwurf von § 438 I 2 2. Alt. BGB enthalten, wurde aber für die Endfassung unter Hinweis auf den Richtlinienhintergrund gestrichen.
- Andere stellen auf den **Parteiwillen** (Stichwort: ***subjektive Lösung***) und dabei v.a. darauf ab, ob die konkrete **Vereinbarung einem Gattungskauf funktionell vergleichbar** sei. *Dagegen* spricht, dass hierdurch die vom Gesetzgeber aufgegebene Differenzierung zwischen Stück- und Gattungsschuld wieder auflebt (Stichwort: ***Rückkehr zu § 480 I BGB a.F.***).
- Überwiegend wird **Ersetzbarkeit** gefordert; diese liege insbesondere bei **Gleichwertigkeit und -artigkeit der Sache** vor (Stichwort: ***Mischtheorie***). Denn durch die Kombination von Parteiwillen und objektiv-normativem Element könne das Äquivalenzinteresse des Vertrages aufrechterhalten werden. Nach der Rspr ist beim Gebrauchtwagenkauf die Durchführung einer Probefahrt ein Indiz für die fehlende Ersetzbarkeit.

Fundstellen:

MünchKomm/*Westermann* (2012), § 439 Rn. 11 f.; *Kitz*, ZGS 2006, 419.

10 Käuferwahlrecht nach § 439 I BGB als Wahlschuld oder als elektive Konkurrenz

P
§ 439
Rn 5

Während das Institut der **Wahlschuld** in §§ 262-265 BGB geregelt ist, blieb die sog. **elektive Konkurrenz** ohne nähere Kodifikation; auch sie ist aber in Rspr und Literatur seit langem anerkannt. Sie liegt vor, *wenn bei einem einheitlichen Schuldverhältnis dem Berechtigten kraft Gesetzes mehrere voneinander verschiedene Ansprüche für die Rechtsausübung zur Verfügung stehen.*
Ein praktisch wichtiger Unterschied liegt in der Bindungswirkung des § 263 II BGB: Bei der Wahlschuld wird nach Ausübung des Wahlrechts nur noch die gewählte Art der Erfüllung als von Anfang an geschuldet fingiert, der Gläubiger hat hier nicht – wie bei der elektiven Konkurrenz – die Möglichkeit zur Korrektur seiner Entscheidung (*ius variandi*) . Umstritten ist,

Streitstand ⇨ **wie die Wahl des Käufers zwischen Nachbesserung und Nachlieferung einzuordnen ist.**

a) verkäuferfreundliche Bindungswirkungstheorie

Teilweise wird eine **echte Wahlschuld** angenommen.

Argument:

- Als Gegenstück zur Entscheidungsmöglichkeit des Käufers muss der ausgeübten Wahl Bindungswirkung zukommen, damit der Verkäufer darauf rechtssicher vertrauen kann und der **Käufer nicht überproportional bessergestellt** wird.

b) käuferfreundliche Wahländerungstheorie

Die überwiegende Ansicht geht von **elektiver Konkurrenz** aus.

Argumente:

- Eine bindende Wahl würde das Käuferinteresse, die Leistung in Natur zu erhalten, nicht ausreichend schützen. (Stichwort: ***Leistungsinteresse***) Immerhin war es der Verkäufer, der ursprünglich mangelhaft geleistet hat.
- Der Gesetzgeber selbst sieht in § 439 III 3 BGB keine Ausnahmeregelung, sondern eine reine Klarstellung, er geht also erkennbar nicht von einer Bindungswirkung der Käufers an seine Wahl aus. (Stichwort: ***Klarstellungsfunktion des § 439 III 3 BGB***)
- Der Verkäufer wird durch Treu und Glauben ausreichend vor einem missbräuchlich handelnden Käufer geschützt. (Stichwort: ***242 als Grenze***)

Hinweise

- Für Vertreter der überwiegend vertretenen Ansicht stellt sich eine Folgefrage: Da das Wahlrecht des Käufers nach § 439 BGB nicht fristgebunden ist, hat dieser die Möglichkeit, durch Nichtausübung der Wahl einen für ihn besonders günstigen Zustand herbeizuführen, der einer Vertragsaufhebung gleicht. Aufgrund seiner Einrede des § 320 BGB braucht er (wegen § 215 BGB dauerhaft) nicht zu erfüllen, während der Verkäufer nicht einmal (wie sonst nach §§ 323 I bzw. 281 V i.V.m. 346 ff. BGB) den bereits gelieferten Kaufgegenstand zurückerhält. Während Befürworter einer Wahlschuld das Problem über § 264 II BGB lösen ist unter Befürwortern einer elektiven Konkurrenz umstritten, wie der Fall in rechte Bahnen gerückt werden kann:
    - Einige wollen hier **§ 264 II BGB entsprechend** anwenden und dem Schuldner damit die Möglichkeit einer Fristsetzung (zB auch durch wörtliches Angebot, § 295 BGB) geben, nach deren Ablauf das Wahlrecht auf ihn überginge. *Dafür* wird angeführt, dass § 264 II BGB letztlich Ausdruck des allgemeinen Grundsatzes von Treu und Glauben sei.

      Dagegen spricht aber, dass eine solche Konstruktion der Verbrauchsgüterkaufrichtlinie fremd (vgl. nur dessen Erwägungsgrund 12) und auch im europäischen Rechtsvergleich singulär wäre. Zudem ist bereits zweifelhaft, ob der Nacherfüllungsanspruch ohne die Ausübung der Wahl überhaupt fällig wird, ob also der von § 264 II BGB geforderte Gläubigerverzug überhaupt eintreten kann.
    - Andere befürworten daher schlicht einen **Wegfall der Einrede aus § 320 BGB**. Konstruktiv wäre dies über § 242 BGB oder etwa dadurch möglich, dass der Verkäufer den Käufer in Schuldner(!)verzug hinsichtlich dessen für die Nacherfüllung modifizierter Abnahmepflicht aus § 433 II BGB setzt. Hierdurch würde in europarechtskonformer Weise das wirtschaftliche Interesse des Verkäufers befriedigt und dem Käufer zugleich ein Anreiz für die Nichtausübung des Wahlrechts genommen.
- Von den Begriffen **Wahlschuld** und **elektive Konkurrenz** zu unterscheiden ist die sog. **Ersetzungsbefugnis** (*facultas alternativa*), also die Möglichkeit einer Partei, durch einseitige Erklärung den Schuldinhalt zu ändern (zB in §§ 257 S. 2; 249 I, II; 251 II BGB).

Fundstellen

MünchKomm/*Westermann* (2012), § 439 Rn. 4 f.; *Schroeter*, NJW 2006, 1761.

11 Wahlrecht zwischen mehreren Nachbesserungsarten, § 439 I BGB analog?

P
§ 439
Rn 5

Das Gesetz gibt in § 439 I BGB, anders als bei § 635 I BGB, dem **Käufer** das Wahlrecht Beseitigung des Mangels (Nach*besserung*) und Lieferung einer mangelfreien Sache (Nach*lieferung*). Umstritten ist, ob

Streitstand ⇨ **sich das Käuferwahlrecht nach § 439 I BGB auch auf *mehrere Nachbesserungsarten* bezieht.**

Bsp.: Der Käufer verlangt vollständige Reparatur der Sache, der Verkäufer möchte aber nur ein Einzelteil austauschen.

a) Theorie des Käuferwahlrechts

Vereinzelt wird dem Käufer in **Analogie zu § 439 I BGB** auch das Wahlrecht zwischen unterschiedlichen Formen der Nachbesserung zugesprochen.

Argument:

- Es ist dem Käufer nicht zuzumuten, dass der Verkäufer, der sich bereits mit der ursprünglich mangelhaften Leistung **als unzuverlässig erwiesen** hat, nach eigener Willkür Nachbesserungsversuche durchführen kann. Vielmehr muss das Wahlrecht des § 439 I BGB konsequent zu Ende gedacht werden.

b) Theorie des Verkäuferwahlrechts

Die ganz überwiegend vertretene Ansicht belässt es hier bei **allgemeinen Grundsätzen**, wonach der Schuldner (in den Grenzen von § 242 BGB) die Art und Weise der Erbringung seiner Leistung bestimmt, § 243 ff. BGB.

Argumente:

- Die Interessen des Käufers an einem weiteren Wahlrecht sind nicht schutzbedürftig. Denn es kommen ohnehin nur Formen der Nachbesserung in Betracht, die den Mangel vollständig beseitigen. (Stichwort: ***vollständige Mangelbeseitigung => Käufer nicht schutzwürdig***)
- Verschiedene Arten der Nachbesserung kann der Verkäufer in der Regel besser einschätzen. Daher muss ihm auch – in Anlehnung an § 635 I BGB – das diesbezügliche Wahlrecht zustehen. (Stichwort: ***größere Sachkunde***)
- Eine Ausweitung des in § 439 I BGB explizit geregelten Wahlrechts des Käufers ist **nach der Verbrauchsgüterkaufrichtlinie nicht notwendig**. Schon die Integration des Wahlrechts in das allgemeine Kaufrecht statt nur in das Verbrauchsgüterkaufrecht erfolgte allein aus dem Grund, ein einheitliches Kaufrecht zu schaffen.

12 Erfüllungsort für den Nacherfüllungsanspruch

P
§ 439
Rn 3a

Umstritten ist,

Streitstand ⇨ **nach welchen Grundsätzen der Erfüllungsort des Nacherfüllungsanspruchs zu bestimmen ist.**

a) Erfüllungstheorie

Überwiegend wird vertreten, es bleibe bei der **Anwendung von § 269 BGB**.

Argumente:

- Nacherfüllung ist eine **Modifikation der vertraglichen Erfüllung**. Maßgeblich sind daher die Ursprungsvereinbarung bzw. andere Kriterien des **§ 269 BGB**.
- Allein die Mangelhaftigkeit der Sache kann nicht zu einer nicht vereinbarten Bringschuld führen. (Stichwort: ***keine automatische Bringschuld***)

b) Belegenheitstheorie

Für andere ist Nacherfüllungsort der **momentane Belegenheitsort** der Sache.

Argumente:

- Ansonsten trüge der Käufer das **Beschädigungsrisiko** während des Rücktransports und müsste dem Verkäufer wegen der Bezahlung hinterherlaufen, und das, obwohl es der Verkäufer war, der mangelhaft geleistet hat.
- Der Verkäufer wird über **§ 439 III BGB** ausreichend geschützt. Außerdem nähme man ihm die Möglichkeit, für ihn kostenmäßig günstigere Möglichkeiten (zB durch eigene Mitarbeiter und Fahrzeuge) in Anspruch zu nehmen.

Hinweise

- Selbst wenn der Erfüllungsort gemäß § 269 BGB beim Verkäufer liegt, kann der Käufer Ersatz seiner Transportkosten verlangen (BGH NJW 2014, 2351).
- Der Verkäufer muss die Möglichkeit bekommen, die Sache am Erfüllungsort zu untersuchen. Dessen Ermittlung ist daher nicht nur für die Nacherfüllung selbst relevant, sondern bei Fehlbeurteilung des Orts läuft auch keine ggf. erforderliche Frist zur Nacherfüllung (vgl. BGH NJW 2013, 1074).

Fundstellen: BGH NJW 2011, 2278 (Meinung a); zuvor OLG München NJW 2006, 449 (Meinung b); *Skamel*, ZGS 2006, 227.

13 Ein- und Ausbaukosten sowie Unverhältnismäßigkeit der Nacherfüllung

P
§ 439
Rn 11

Umstritten ist im Rahmen der Nacherfüllung gemäß § 439 BGB,

Streitstand ⇨ **ob der Verkäufer auch die Kosten für Ein- und Ausbau der Kaufsache zu tragen hat, ohne die eine Nacherfüllung nicht möglich wäre.**

Bsp.: Nachdem die gekauften Bodenfliesen/Dachziegel (in der gutgläubigen Annahme ihrer Mangelfreiheit) verlegt wurden, zeigt sich ein Mangel.

a) enge verkäuferfreundliche Ansicht

Von der **deutschen Rspr** wird vertreten, die Kosten für Ausbau (vgl. BGH NJW 2009, 1660) und Einbau (vgl. BGH NJW 2008, 2837) der Kaufsache seien nicht vom Nacherfüllungsanspruch erfasst.

Argumente:

- Für ein enges Pflichtenprogramm des Verkäufers im Rahmen der Nacherfüllung spricht bereits der Wortlaut von § 439 I BGB, „*Lieferung* einer mangelfreien Sache“. (Stichwort: **Wortlaut 439 I BGB**) Der Nacherfüllungsanspruch ist nur modifizierte Form des ursprünglichen Erfüllungsanspruchs.
- Durch eine Einbauverpflichtung würde die (verschuldensunabhängige) Nacherfüllungspflicht zu weit in den Bereich hineingezogen, der nach bisherigem Verständnis dem (verschuldensabhängigen) Schadensersatzrecht vorbehalten ist. (Stichwort: ***Grenzziehung Erfüllung ⇔ SE***)

b) weite verbraucherschützende Ansicht

Namentlich der **EuGH** (NJW 2011, 2269) ist der Auffassung, dass auch Aus- und Einbaukosten von der Nacherfüllungspflicht umfasst seien.

Argumente:

- Es wäre mit dem durch die Verbrauchsgüterkauf-RL angestrebten, hohen Schutzniveau nicht zu vereinbaren, wenn der Verbraucher andernfalls die Ein-/Ausbaukosten zwei Mal tragen müsste. (Stichwort: ***hohes Verbraucherschutzniveau***) Die Unentgeltlichkeit der Herstellung des vertragsgemäßen Zustands gehört zu den wesentlichen Bestandteilen des gewährleisteten Verbraucherschutzes.
- Art. 3 II und III der Verbrauchsgüterkaufrichtlinie haben das Verbrauchsgut in der Situation zum Gegenstand, in der es sich zum Zeitpunkt des Auftretens

der Vertragswidrigkeit befindet. Eine Differenzierung danach, in welcher Weise der Käufer damit verfahren ist, wäre notwendigerweise unvollkommen.

Hinweise

- Vermittelnd wird teilweise vertreten, der Verkäufer müsse zwar die Ausbau-, nicht aber die Einbaukosten tragen. Denn der Ausbau gehört begriffsnotwendig zu der **Rücknahmepflicht des Verkäufers** betreffend die (eingebaute) mangelhafte Kaufsache. Der Einbau war jedoch zu keinem Zeitpunkt Verkäuferpflicht. (Stichwort: ***Nacherfüllung ≠ Pflichtenänderung***)
- Weil für den deutschen Gesetzgeber Ein- und Ausbaukosten eigentlich nicht von § 439 BGB erfasst sein sollten, nimmt der BGH in Konsequenz der oben referierten EuGH-Rechtsprechung eine **richtlinienkonforme, gespaltene Auslegung** vor, wonach der Nacherfüllungsanspruch nur für Verbrauchsgüterkaufverträge die Ein- und Ausbaukosten enthält (vgl. BGH NJW 2013, 220 und bestätigend BGH NJW 2014, 2183). Inwieweit die geplante **Neuregelung durch den Gesetzgeber** (Ausweitung der Rspr des EuGH auf das gesamte Kaufrecht) politisch durchsetzbar sein wird, bleibt abzuwarten.
- Umstritten ist in derartigen Fällen oft auch, ob der Verkäufer die käuferseitig gewählte Nacherfüllungsart gemäß § 439 III BGB als unverhältnismäßig verweigern kann. Dabei ist grds. sog. **relative Unverhältnismäßigkeit** (d.h. interner Kostenvergleich zwischen mehreren Nacherfüllungsarten, § 439 III 2 letzter Hs. BGB) von der sog. **absoluten** (d.h. Vergleich zum objektiven Wert der mangelfreien Sache, § 439 III 3 Hs. 2 BGB) zu differenzieren. Nach der Rspr geben hierzu starre Prozentsätze nur Orientierung, erforderlich ist aber eine Würdigung der Umstände des Einzelfalls (vgl. BGH NJW 2015, 468; vgl. zu § 439 III BGB MünchKomm/*Westermann* (2012), § 439 Rn. 19 ff.).
- Im Ergebnis legt die Rspr (vgl. BGH NJW 2012, 1073) **auch § 439 III BGB gespalten** aus, nämlich teleologisch reduziert auf Verbrauchsgüterkäufe.
- Neuerdings weitet der BGH das Verweigerungsrecht des Verkäufers bei Unverhältnismäßigkeit nach § 439 III BGB auch auf Fälle eines (kleinen) Schadensersatzes aus, um auf diese Weise **Wertungswidersprüche** zu vermeiden (vgl. BGHZ 200, 350 mit Anm. *Gutzeit* in NJW 2015, 445).
- Der Käufer ist nach der Rspr nicht gehindert, sich **erst im Prozess** auf die Unverhältnismäßigkeit der Kosten zu berufen, wenn er vorprozessual nur das Vorhandensein von Mängeln bestritten hat (vgl. BGH NJW 2014, 213).

Fundstellen

Jaensch, DAR 2014, 506 ff.; BeckOK/*Faust* (2014), § 439 Rn. 18 ff.

14 Nutzungsersatz bei Nachlieferung, teleologische Reduktion von § 439 IV BGB?

P
§ 439
Rn 25

Weitgehend anerkannt ist, dass der nachliefernde **Verkäufer**, der gemäß § 439 IV BGB die mangelhafte Kaufsache zurückerhält, keine Nutzungen in Form von Zinsen als mittelbare Sachfrüchte aus dem Kaufpreis (§§ 100, 99 III BGB) ersetzen muss. Dies folgt aus § 439 I, IV BGB und der ratio des § 813 II 2. Hs. BGB. Umstritten ist hingegen, ob der **Käufer** Nutzungsersatz schuldet. Für das **Verbrauchsgüterkaufrecht** ist diese Frage durch die **gesetzgeberische Klarstellung in § 474 Abs. 5 S. 1 BGB** mittlerweile gelöst. Demnach sind in diesen Fällen Nutzungen nicht herauszugeben oder durch ihren Wert zu ersetzen. Im allgemeinen Kaufrecht ist hingegen noch immer fraglich,

Streitstand ⇨ **ob der Verweis in § 439 IV BGB auch eine *Nutzungs*ersatzpflicht umfasst.**

a) enge Sachrückgewährtheorie

Überwiegend (auch von der Rspr) wird eine Nutzungsersatzpflicht verneint, *zum Teil* unter Hinweis auf den engen Wortlaut („*Rückgewähr* der mangelhaften Sache" statt „*Herausgabe* von Nutzungen" wie in § 346 I BGB), *zum Teil* durch teleologische Reduktion.

Argumente:

- Eine Nutzungsersatzpflicht verstieße gegen **§ 446 S. 2 BGB**, wonach dem *Käufer* ab Übergabe die Nutzungen gebühren. Sie könnte auch dazu führen, dass der Käufer den Nacherfüllungsanspruch aus Angst vor einer Nutzungsersatzpflicht nicht oder nur in Form der Nachbesserung geltend macht.
- Die halbseitige Rückabwicklung führt zu einer ungerechtfertigten Besserstellung des Verkäufers (Stichwort: ***gestörte Restitutionssymmetrie***) und zu einer unzumutbaren Belastung des Käufers. Er muss für die Kaufsache im Ergebnis mehr – nämlich Kaufpreis plus Nutzungsentschädigung – zahlen als bei anfänglich fehlerfreier Lieferung.
- Die Nutzungsersatzpflicht verstößt *jedenfalls* gegen **Art. 3 III 1, 3 der Verbrauchsgüterkaufrichtlinie**, wonach die Nacherfüllung für den Käufer nicht nur *unentgeltlich*, sondern auch *ohne Unannehmlichkeiten* erfolgen muss. Für die Gegenauffassung streitet auch **nicht Erwägungsgrund Nr. 15** der Richtlinie, da dieser angesichts des Wortlauts („zu leistende Erstattung gemindert") nur auf echte Rücktrittskonstellationen bezogen ist.
- Da die Nacherfüllung keine Nutzungsmöglichkeit für die Vergangenheit gewährt, ist der **Käufer auch nicht bereichert**, zB bei Nacherfüllung eines inzwischen veralteten Computers. (Stichwort: ***nur zukünftige Nutzung***)

- Nach der Gegenansicht müsste der Käufer auch bei jeder **aliud-Lieferung** Nutzungen ersetzen, die er unter Umständen gar nicht ziehen konnte.

b) weite Nutzungsersatztheorie

Zum Teil wird eine Nutzungsersatzpflicht wegen des umfassenden Verweises in § 439 IV BGB auch auf § 347 BGB (anders zB: § 441 IV BGB) **bejaht**.

Argumente:

- Der den **eindeutigen Wortlaut** bestätigende **gesetzgeberische Wille** überzeugt auch **wertungsmäßig**: Zweck von § 439 IV BGB ist es, die Vorteile abzuschöpfen, die der Käufer erlangt hat. Denn der Käufer hätte auch bei ursprünglich vertragsmäßiger Leistung die nutzungsbedingte Entwertung der Kaufsache tragen müssen. Eine fehlende Ersatzpflicht würde stattdessen **Missbrauchsmöglichkeiten** eröffnen.
- Angesichts dessen besteht für eine Wertungskorrektur keine Notwendigkeit.
  - Nach **Art. 3 II, III** der Verbrauchsgüterkaufrichtlinie muss die Nachlieferung zwar für den Käufer „unentgeltlich" erfolgen, Art. 3 IV stellt aber klar, dass nur Versand- Arbeits- und Materialkosten gemeint sind, die bereits nach § 439 II BGB der Verkäufer trägt. (Stichwort: ***Nacherfüllungskosten ≠ Nutzungen***).
  - **Erwägungsgrund Nr. 15** der Richtlinie erlaubt explizit Regelungen für nutzungsbedingte Wertminderung, das ist mit § 439 IV BGB geschehen.

Hinweise

- Vereinzelt wird eine Nutzungsentschädigung nur dann für billig gehalten, wenn feststeht, dass ursprüngliche und nachgelieferte Sache zusammen **länger als** für derartige Sachen **gewöhnlich genutzt** werden konnten. Dies festzustellen stößt aber auf praktische Schwierigkeiten. Wiederum andere **beschränken den Nachlieferungsanspruch** von vorneherein auf zeitlich entsprechend abgenutzte, mangelfreie Sachen. Allerdings hängt die Qualität einer Sache nicht nur vom Abnutzungsgrad ab.
- Die **Berechnung** des Nutzungsersatzes soll zum Teil **nach aufgedrängter Bereicherung** erfolgen (dazu **STREITSTAND Nr. 60**).

Fundstellen

EuGH NJW 2008, 1433; BGH NJW 2009 427 m. Anm. *Pfeiffer* NJW 2009, 412.

15 Anwendbarkeit von § 447 I BGB bei Eigentransport durch den Verkäufer

P
§ 447
Rn 12

Bevor Sie in einer typischen Klausur zu dem im Folgenden referierten Streitstand kommen, müssen Sie in der Regel zunächst prüfen, ob nicht statt der für § 447 BGB typischen Schickschuld ausnahmsweise eine **Bringschuld** vorliegt. Dafür kommt es vorrangig auf die vertraglichen Vereinbarungen, hilfsweise auf die Zweifelsregeln der § 269 I, II, III BGB an. Erst bei Verneinung dieser Frage und **Annahme einer Schickschuld** stellt sich ggf. das zusätzliche Problem,

Streitstand ⇨ **ob § 447 I BGB auch auf Fälle anzuwenden ist, in denen der Verkäufer die Sache selbst oder durch eigene Mitarbeiter transportiert.**

a) enge, käuferfreundliche Theorie

Teilweise soll § 447 I BGB in diesem Fall nicht anzuwenden sein.

Argumente:

- § 447 I BGB ist eine **enge Ausnahme** vom Grundsatz des § 326 I BGB.
- Der **Wortlaut** des § 447 I BGB deutet darauf hin, dass die Transportperson eine außerhalb des Organisationsbereiches des Verkäufers stehende Person sein muss. Dies ist auch gerechtfertigt, weil solche Außenstehenden in der Regel einer strengen Haftung unterliegen und – anders als eigene Transportpersonen – im Prozess die erforderlichen Beweise gegen den Verkäufer erbringen. (Stichwort: ***Wortlaut deutet auf Außenstehende***)
- **Telos** des § 447 I BGB ist die Gefahrentlastung des Verkäufers, weil er mit der Übergabe an die Transportperson die Einflussmöglichkeit auf die ordnungsgemäße Behandlung verliert. (Stichwort: **Sphärengedanke**)

b) weite, verkäuferfreundliche Theorie

Überwiegend wendet man § 447 I BGB auch in diesem Fall an.

Argumente:

- Der offene **Wortlaut** der Norm steht nicht entgegen, sondern nennt ausdrücklich die „sonst zur Ausführung der Versendung bestimmte Person".
- Die Auslieferung der Kaufsache ist ein **Entgegenkommen des Verkäufers**, sie erfolgt auf Verlangen des Käufers. Dieser hat daher kein schutzwürdiges Interesse an der Abwälzung der Nachteile auf den Verkäufer.

- Eine Abgrenzung zwischen dem Verkäufer und Dritten kann in der Praxis schwierig sein, da rechtliche und wirtschaftliche Abhängigkeit fließend ineinander übergehen. (Stichwort: ***praktische Abgrenzungsschwierigkeiten***)
- Der Transport ist nur Neben-, nicht Hauptpflicht des Verkäufers. Entscheidend ist auch hier das Auseinanderfallen von Erfüllungs- und Erfolgsort. Die Gegenauffassung führt daher systemwidrig zu einer Bringschuld (Stichwort: ***Schickschuld ≠ Bringschuld***)
- Wenn § 447 I BGB tatsächlich auf einem allgemeinen Sphärengedanken beruhte, trüge der Verkäufer angesichts der Auswahl der Transportperson und der Organisation des Transports praktisch immer die Transportgefahr. (Stichwort: ***gerade <u>kein</u> allgemeiner Sphärengedanke***)

Hinweise

- Der obige Streitstand betrifft nur die Frage, wer für zufällige Schäden an der Kaufsache einzustehen hat. Eine **ganz andere Frage** ist, ob der Verkäufer während des Transports gemäß **§ 276 BGB** für eigenes Verschulden und nach **§ 278 BGB** für dasjenige seiner Erfüllungsgehilfen haftet:
  - Nach herrschender Auffassung sind diese Normen anwendbar. Denn im Fall des Fremdtransports kann der Käufer einen Anspruch auf Schadenersatz im Wege der Drittschadensliquidation oder über § 421 I 2 HGB geltend machen, bei Eigentransport darf er nicht schlechter gestellt sein. Eine Pflicht aus § 241 II BGB besteht nämlich auch bei freiwilliger, nicht geschuldeter Versendung durch den Verkäufer. Hierfür spricht auch der in § 664 I 2, 3 BGB enthaltene allgemeine Rechtsgedanke.
  - Teilweise wird eine solche Verschuldenshaftung verneint. Denn mangels Versendungs*pflicht* ist die Transportperson nicht Erfüllungsgehilfe im Sinne von § 278 BGB. Warum eine etwaige Obhutspflicht nur bei Eigen-, nicht aber bei Fremdtransport bestehen soll, ist nicht ersichtlich.
- Eine vergleichbare Frage stellt sich bei § 644 II BGB im **Werkvertragsrecht**.

Fundstelle

Looschelders, Schuldrecht Besonderer Teil (2015), § 9 III. 3.

16 Haftung des Forderungsverkäufers nach § 453 BGB für Bonität der Forderung?

P
§ 453
Rn 21

Von dem Begriff der **Verität** (= dem Bestand) einer Forderung ist ihre **Bonität**, also die Liquidität des Forderungsschuldners, zu trennen. Umstritten ist, ob

Streitstand ⇨ **der Verkäufer einer Forderung auch bei Fehlen einer besonderen Vereinbarung, also ipso iure, für die Bonität der Forderung einstehen muss.**

a) Theorie der allgemeinen Bonitätshaftung

Einem Teil der Literatur zufolge müsse der Verkäufer **auch für die Bonität** der verkauften Forderung einstehen.

Argument:

- Angesichts des umfassenden Verweises in § 453 I BGB auf die §§ 433ff. BGB kommt auch § 434 I 2 Nr.2 BGB zur Anwendung. Die tatbestandliche „gewöhnliche Verwendung" einer Forderung ist aber gerade ihre Durchsetzung, sodass die Bonität zum Inhalt der geschuldeten Soll-Beschaffenheit gehört. (Stichwort: ***Verweis auf 434 I 2 Nr.2 BGB***)

b) Theorie der gesonderten Bonitätsvereinbarung

Überwiegend wird eine solche allgemeine Bonitätshaftung verneint. Nach der gesetzlichen Regelung hafte der Verkäufer **nur für die Verität der Forderung**.

Argumente:

- Die Unsicherheit über die Werthaltigkeit einer Forderung gehört zu den prägenden Elementen des Rechtskaufs, das nicht von Gesetzes wegen dem Verkäufer aufzubürden ist. Denn die Bonität der Forderung macht **nur** ihren **wirtschaftlichen Wert** aus, sie ist aber **nicht Teil ihrer Beschaffenheit**.
- Der Gesetzgeber wollte an dem Erfordernis einer zusätzlichen Parteivereinbarung über eine Bonitätshaftung (vgl. **§ 438 BGB a.F.**) nichts ändern.
- Andernfalls wäre der spezielle Verweis des § 453 III BGB auf § 434 BGB ohne selbständigen Anwendungsbereich. (Stichwort: ***Existenz von 453 III***)

Hinweis

Die innerhalb der zweiten Ansicht umstrittene Frage, ob § 453 I BGB so **teleologisch zu reduzieren** ist, dass der Verweis nicht für § 434 BGB gilt oder ob bereits die „**entsprechende**" Anwendung zu dieser Modifikation führt, dahin stehen lassen.

17 Drittschadensliquidation beim Versendungskauf trotz §§ 421 ff. HGB

P
§ 447
Rn 18

Versendungskäufe sind ein Standard-Anwendungsfall für die Grundsätze der **Drittschadensliquidation** (DSL). Bei dieser Ausnahme des sog. Dogmas vom Gläubigerinteresse kann ausnahmsweise ein fremder Schaden geltend gemacht werden, nämlich zB dann, wenn **1.** der Verkäufer einen **Anspruch, aber keinen Schaden** hat, **2.** der Käufer zwar einen **Schaden, aber keinen Anspruch** hat und wenn **3.** die **Schadensverlagerung aus der Sicht des Dritten zufällig** ist.

Eine neue Wendung für DSL-Klausuren ergab sich im Jahr 1998 durch die Reform des kommerziellen Transportrecht in §§ 421 ff. HGB. Von großer Bedeutung war hier v.a. der neue **§ 421 I 2 HGB**. Noch immer umstritten ist zum einen die Rechtsnatur dieser Norm:

- Teilweise wird vertreten, dass **§ 421 I 2 HGB lediglich eine Einziehungsermächtigung in Verbindung mit einer gesetzlichen Prozessstandschaft** anordne. Denn die Formulierung „im eigenen Namen" ist nur bei *fremden* Ansprüchen sinnvoll und auch der Wortlaut von § 421 I 3 HGB, wonach auch V zur Geltendmachung dieser Ansprüche weiterhin befugt bleiben soll, legt eine solche Auslegung nahe. Auch entspricht allein dies der Relativität der Schuldverhältnisse.

- Ganz überwiegend wird in dem Frachtvertrag ein gesetzlich ausgestalteter Vertrag zugunsten Dritter gesehen, mit der Folge, dass **§ 421 I 2 HGB einen eigenen Anspruch** gebe. Denn weil § 421 I 1 HGB dem Empfänger der Fracht sogar einen eigenen *Erfüllungs*anspruch gibt, ist **auch aus systematischer Sicht** davon auszugehen, dass in S. 2 erst recht Sekundärrechte geregelt sein sollen. (Stichwort: ***a fortiori 421 I 1***)

Sofern Sie der ersten Ansicht folgen, dann kommen sie in der Klausur über eine DSL zum richtigen Ergebnis, nämlich dass der Schaden des Käufers zum Anspruch des Verkäufers gegen den Frachtführer gezogen wird und der Käufer vom Verkäufer Abtretung dieses Anspruchs gemäß § 285 BGB verlangen kann. Schließt man sich in der Klausur der zweiten Ansicht an, dann ist zu diskutieren,

Streitstand ⇨ **ob auch dann noch ein Bedürfnis für eine Lösung über DSL besteht, wenn die Kaufsache mittels Frachtführer versendet wird und der Käufer einen eigenen Anspruch gemäß § 421 I 2 HGB gegen den Frachtführer hat.**

Bsp.: Unternehmer K kauft bei Unternehmer V eine chinesische Vase. V versendet sie unter Einschaltung des Frachtführers F. Während des Transports wird die Vase zerstört. Ansprüche des K?

a) Drittschadensliquidationslösung

Zum Teil wird auch hier weiterhin die **Anwendung der DSL-Grundsätze bejaht**.

Argumente:

- Nach der Sondervorschrift des **§ 421 I 2 a.E. HGB** soll auch der Absender/Verkäufer zur Geltendmachung der Ansprüche aus dem Frachtvertrag berechtigt bleiben. Um den Sinn und Zweck dieser Norm zu erreichen, muss daher der fehlende eigene Schaden des Verkäufers durch eine Liquidation des Schadens des Käufers überwunden werden. Auch **§ 421 I 3 HGB** macht ein Handeln im fremden Interesse möglich.
- Die Anspruchsdopplung schützt den schädigenden Frachtführer davor, an den Falschen zu zahlen. Auch soll er nicht den ungerechtfertigten Vorteil haben, bei unklarer Rechtslage die Zahlung gegenüber beiden zu verweigern.

b) Handelsrechtliche Lösung

Die überwiegend vertretene Ansicht erachtet die **DSL-Grundsätze** in diesen Fallkonstellationen als **entbehrlich**.

Argumente:

- Die DSL ist eine **ausnahmsweise Durchbrechung** des Dogmas vom Gläubigerinteresse. Steht dem Käufer ein eigener Anspruch aus §§ 421 I 2, 425 I HGB zu, dann liegt **keine zufällige Schadensverlagerung** vor, sodass für eine Aufweichung der schadensrechtlichen Grundsätze kein Bedarf besteht.
- Die internen, kaufvertraglichen Gefahrtragungsregeln zwischen K und V dürfen nicht dazu führen, dass der Schädiger zwei Gläubigern gegenübersteht und so einem doppelten Prozessrisiko ausgesetzt ist. Auch müsste K, sofern der Schädiger zuerst an V leistet, zusätzlich dessen Insolvenzrisiko tragen. (Stichwort: ***doppelte Risiken***)

Fundstellen

Homann, JA 1999, 978 ff.; *Oetker*, JuS 2001, 833 ff.

Verbrauchsgüterkaufrecht

Die §§ 474 ff. BGB sind bei Klausurenstellern besonders beliebt: Die eingeschränkte Anwendbarkeit nur für „Verbrauchsgüterkäufe" (vgl. die Legaldefinition des § 474 I BGB, seit 13.6.2014 in § 474 I 2 BGB erweitert durch Gesetz v. 20.09.2013, BGBl. I, S. 3642) und die zahlreichen Modifikationen der allgemeinen Kaufrechtsnormen machen den Reiz dieser Sondernormen aus – in der Examenspraxis gibt es **wenige kaufrechtliche Klausur ohne Modifikation durch §§ 474 ff. BGB!**

Nicht nur in Literatur und Rspr haben sich eine Reihe von Fragestellungen zu diesem Themenkomplex herausgebildet. Auch der Gesetzgeber hat diesen Bereich– nicht zuletzt aufgrund **europarechtlicher Vorgaben** – bereits mehrfach modifiziert.

Vor diesem Hintergrund werden im Verbrauchsgüterkaufrecht die klassischen Argumentationsmuster ergänzt durch sowohl **richtlinienkonforme** als auch **historisch-genetische Auslegung**. Daher habe ich Ihnen an mehreren Stellen – wie auch schon im Kaufrechtskapitel – die entsprechende Fundstelle in der **Verbrauchsgüterkaufrichtlinie** bzw. in der **BT-Drucksache 14/6040** angegeben.

Vgl. zum Verbraucher- und Unternehmerbegriff des § 13 BGB auch die **JURISTISCHEN STREITSTÄNDE, BGB AT/Schuldrecht AT, Nr. 57-59**. Umstritten ist im Recht des Verbrauchsgüterkaufs namentlich:

Seite

18 Anwendbarkeit von § 447 Abs. 1 BGB im Rahmen von Verbrauchsgüterkäufen

P
§ 474
Rn 13

Gemäß § 474 IV BGB ist § 447 I BGB beim Verbrauchsgüterkauf nur eingeschränkt anwendbar (bis 2014: *Un*anwendbarkeit gemäß § 474 II BGB). Für den **Gefahrübergang** bleibt es daher im Regelfall bei der **Grundregel des § 446 BGB**. Nach dem Willen des Gesetzgebers soll damit zwar dem Verkäufer das Risiko des Transports aufgebürdet, nicht jedoch seine geschuldete Leistung um eine nicht vereinbarte Transportpflicht erweitert werden. Aus einer einmal vereinbarten Schickschuld wird also mit anderen Worten nicht allein wegen § 474 IV BGB eine Bringschuld des Verkäufers. Umstritten ist trotz der Neufassung,

Streitstand ⇨ **ob die Parteien die Anwendung des § 447 BGB beim Verbrauchsgüterkauf entgegen §§ 474 IV, 475 I BGB privatautonom ändern können.**

a) Theorie der privatautonomen Vereinbarung

Teilweise spricht man sich unter Verweis auf den Schutz der Privatautonomie für die Möglichkeit aus, **§ 447 BGB** für uneingeschränkt **anwendbar** zu erklären.

Argument:

- Da § 474 IV BGB **auf § 446 BGB keinen Bezug** nimmt, ist diese Norm abdingbar. Es kann aber nicht sein, dass zwar jede Art der Vereinbarung über einen Gefahrübergang vereinbart werden kann, nur gerade die in § 447 I BGB als typisch vorausgesehene nicht.

b) Theorie des umfassenden Verbraucherschutzes

Überwiegend wird vertreten, wegen des eindeutigen, im Jahr 2014 nunmehr sogar erneut modifizierten Wortlauts von § 474 IV BGB dürfe eine hiervon **abweichende Vereinbarung nicht möglich** sein.

Argumente:

- Nach dem Willen des Gesetzgebers sollte gerade die Partei das zufällige Untergangsrisiko tragen, die am ehesten imstande ist, es gering zu halten.
- Da § 474 IV BGB eine **Vorschrift „dieses Untertitels" im Sinne von § 475 I BGB** ist, darf sie gerade nicht durch anderweitige Gestaltung umgangen werden. (Stichwort: ***Keine Aushöhlung einer expliziten Regelung***) Dies gilt umso mehr, als Hintergrund der grundsätzlichen Nichtanwendbarkeit von § 447 BGB nunmehr zudem Art. 20 S. 2 der Verbraucherrechte-RL ist.

Fundstelle: BeckOK/*Faust* (2014), § 474 Rn. 42 ff.

19 Notwendigkeit einer Gewinnerzielungsabsicht für „Unternehmer“

P § 14 Rn 2

Nach § 14 I BGB ist **Unternehmer**, wer beim Abschluss eines Rechtsgeschäfts in Ausübung einer gewerblichen oder selbständigen beruflichen Tätigkeit handelt. Unter **gewerblicher Tätigkeit** wiederum versteht man das *selbständige, planmäßige*, auf eine *gewisse Dauer* angelegte Anbieten *entgeltlicher* Leistungen am Markt. V.a. im Rahmen der §§ 474 ff. BGB stellt sich jedoch die Frage,

Streitstand ⇨ **ob die Unternehmereigenschaft des § 14 BGB über diese Voraussetzungen hinaus eine Absicht zur Gewinnerzielung erfordert.**

a) Theorie der konstituierenden Gewinnerzielungsabsicht

Ein Teil der Literatur fordert zwingend eine **Gewinnerzielungsabsicht**.

Argument:

- Für die handelsrechtliche Definition des „Gewerbes“ ist eine Gewinnerzielungsabsicht unverzichtbar (vgl. BGH 155, 240, 245). Aufgrund der **Einheit der Rechtsordnung** muss ein und derselbe Begriff in § 14 BGB und in § 1 HGB gleich ausgelegt werden. (Stichwort: ***Systematischer Gleichlauf mit § 1 HGB***)

b) Theorie des umfassenden Verbraucherschutzes

Überwiegend, auch in der Rspr, hält man dieses Merkmal für **entbehrlich**.

Argumente:

- Zwar ist ein „Gewerbe“ *regelmäßig* auf Gewinnerzielung gerichtet, der **Wortlaut** des § 14 I BGB setzt diese zusätzliche Voraussetzung aber nicht zwingend voraus. Auch nach dem **allgemeinen Sprachgebrauch** macht es keinen Unterschied, ob der Verkäufer tatsächlich Gewinn zu erzielen oder lediglich steuerlich nicht anerkannte Verluste zu reduzieren versucht.

- Das Abgrenzungskriterium „in Ausübung ihrer gewerblichen oder beruflichen Tätigkeit“ soll lediglich nichtkommerzielle, altruistisch motivierte Geschäfte rein privaten Charakters ausklammern. Denn der **Aspekt der Gewinnerzielungsabsicht ist heute weder zeitgemäß noch geeignet**, eine unterschiedliche rechtliche Behandlung im Geschäftsverkehr zu rechtfertigen.

- Das Vorliegen einer Gewinnerzielungsabsicht ist eine **rein innerbetriebliche Tatsache** des Verkäufers (Stichwort: ***Unternehmensinternum***), das für den Verbraucher in der Regel nicht ersichtlich ist und für die – bei der Auslegung der §§ 474 ff. BGB maßgebliche – Schutzwürdigkeit des Verbrauchers unerheblich ist. (Stichwort: ***Verbraucherschutz => 474 ff. weit***)

- Eine Parallelität zu § 1 HGB ist nicht zwingend, denn anders als das subjektive Kaufmann-System des HGB knüpft § 14 BGB an die objektiv zu bestimmende **Zweckrichtung des Handelns** an (Stichwort: ***unterschiedliche Bezugspunkte***). Ausweislich der Gesetzesbegründung (BT-Dr. 14/6040, S. 243) orientiert sich der Unternehmerbegriff in §§ 474 ff. BGB auch nicht an § 1 HGB, sondern an **Art. 1 II lit. c Verbrauchsgüterkaufrichtlinie**.

Hinweise

- Folge der überwiegenden Ansicht ist es, dass auch gesetzliche Vermögensverwalter, wie etwa Insolvenz-, Zwangs- und Nachlassverwalter sowie Testamentsvollstrecker zu den Unternehmern i.S.v. § 14 BGB und §§ 474 ff. BGB zählen.
- Auch für das **Verbraucherkreditrecht der §§ 491 ff. BGB** hat die Rspr dem Verbraucherschutzgedanken Vorrecht eingeräumt und folgt insoweit der (hier) zweiten Ansicht (vgl. BGH NJW 2003, 2742).

Fundstellen

BGHZ 167, 40; BeckOGK/*Alexander* (2015), § 14 Rn. 142; MünchKomm/*Micklitz* (2012), § 14 Rn. 22.

20 Begriff der „öffentlich zugänglichen Versteigerung" und § 474 II 2 BGB

P
§ 474
Rn 2

Die Sonderregeln über den Verbrauchsgüterkauf gelten nunmehr gemäß § 474 II 2 BGB nicht für gebrauchte Sachen, die in einer öffentlich zugänglichen Versteigerung verkauft werden, an der der Verbraucher persönlich teilnehmen kann (bis 2014: „öffentliche Versteigerung" gemäß § 474 I 2 BGB a.F.). Bis zu der Neufassung herrschte Streit über den Begriff der öffentlichen Versteigerung. Zwar wurde diese Frage durch die Neufassung von § 474 BGB geklärt. Der vorhergehende Streit ist jedoch nach wie vor instruktiv, da er typische Argumentationslinien in diesem europarechtlich hinterlegten Rechtsgebiet aufzeigt. Umstritten war,

Streitstand ⇨ **was unter einer „öffentlichen Versteigerung" im Sinne von § 474 I 2 BGB genau zu verstehen ist.**

a) Theorie der öffentlichen Bestellung

Überwiegend verstand man den Begriff **so wie in § 383 III BGB**, die Durchführung der Versteigerung müsse durch eine der dort genannten Personen erfolgen.

Argumente:

- § 383 III BGB ist, anders als etwa § 156 BGB (vgl. dazu **JURISTISCHE STREITSTÄNDE, BGB AT/Schuldrecht AT, Nr. 60**), eine **Legaldefinition**, deren Sinn und Zweck es ist, die **Einheitlichkeit der Terminologie im BGB** sicherzustellen. Konsequenterweise muss der Begriff der öffentlichen Versteigerung in § 474 I 2 BGB – wie auch bei §§ 445, 935 II, 966, 979, 1219 und 1235 BGB – im Sinne von § 383 III BGB verstanden werden.
- Eine Abweichung von dem Grundsatz, dass der Verkäufer gegenüber dem Verbraucher für die Vertragsgemäßheit der Kaufsache einstehen muss, ist nur dann hinnehmbar, wenn dies im Interesse der versteigernden öffentlichen Hand geboten ist (vgl. zB § 979 BGB) oder der Versteigerer eine gesteigerte Gewähr für eine optimale Durchführung der Versteigerung bietet. Auch war es **gerade Ziel des Gesetzgebers**, die öffentliche Hand von Gewährleistungsansprüchen freizustellen, etwa bei der Versteigerung von Fundsachen nach § 979 BGB (Stichwort: ***Privilegierung der öffentlichen Hand gewollt***).
- Durch die Prüfung der Versteigerungsperson auf Zuverlässigkeit und das Fehlen von Interessenkollisionen wird ein öffentlich-rechtlicher Verbraucherschutz gewährleistet, der das Weniger an privatrechtlichem Schutz rechtfertigt. (Stichwort: ***Kompensation durch ÖR Verbraucherschutz***)

- Zwar hätte die **Verbrauchsgüterkaufrichtlinie** auch Raum für einen weitergehenden Anwendungsausschluss gelassen. Nach Art. 8 II der Richtlinie war dem deutschen Gesetzgeber aber ein Mehr an Verbraucherschutz möglich. Einer richtlinienkonformen Auslegung bedarf es daher nicht. (Stichwort: **Mindestharmonisierung => keine richtlinienkonforme Auslegung**)

b) Theorie des weiten Versteigerungsbegriffs

Teilweise wurde schon damals vertreten, dass der Begriff jede für den Verbraucher allgemein *zugängliche* Versteigerung erfasse, unabhängig von der Person des Versteigerers (also so, wie dies nunmehr § 474 II 2 BGB vorsieht).

Argumente:

- Die Formulierung „öffentliche Versteigerung“ in § 474 I 2 BGB geht auf **Art. 1 III der Verbrauchsgüterkaufrichtlinie** zurück und ist damit unionsrechtlich geprägt. Die **Einheitlichkeit der Terminologie** ist auch an anderen Stellen des BGB **durchbrochen**, zB sind die Unternehmerbegriffe in § 14 BGB und §§ 631 ff. BGB nicht identisch.
- Falls der Gesetzgeber den Begriff der öffentlichen Versteigerung so verstanden hätte wie in § 383 III BGB, dann hätte es der zusätzlichen Einschränkung der persönlichen Teilnahme in § 474 I 2 a.E. BGB nicht bedurft. (Stichwort: ***persönliche Teilnahme sonst überflüssig***)
- Es ist nicht ersichtlich, warum bei einer amtlichen Versteigerung ein genereller Haftungsausschluss (z.T. sogar kraft Gesetzes, § 806 ZPO) möglich sein soll, bei einer Versteigerung durch eine andere Person aber nicht. Nach der Gegenauffassung käme es für die Wirksamkeit eines Gewährleistungsausschlusses im Ergebnis auf zufällige, in der Person des Auktionators liegende Qualitäten an. (Stichwort: ***Versteigerungsperson = willkürliches Kriterium***)

Hinweis

Aufgrund des Erfordernisses der *persönlichen Anwesenheit* (§ 474 II 2 a.E. BGB) weiterhin ausgeschlossen sind auch heute noch **Internetauktionen**, vgl. dazu Erwägungsgrund 24 S. 4 der Verbraucherrechte-RL. Unerheblich ist hingegen weiterhin, ob der Verbraucher *tatsächlich* an der betreffenden Auktion persönlich teilgenommen hat oder ob er zB telefonisch oder schriftlich mitgeboten hat.

Fundstellen

BGH NJW 2006, 613; BeckOK/*Faust* (2014), § 474 Rn. 28 ff.

21 Tiere als „gebrauchte Sachen“ im Sinne der §§ 474 II 2 und 475 II BGB

P
§ 475
Rn 11

Eine Sache ist nach allgemeinem Verständnis nicht schon infolge bloßen Zeitablaufs, sondern erst dann „gebraucht“, wenn sie *bestimmungsgemäß benutzt* wurde. Bei Tieren, auf die gemäß § 90a BGB die für Sachen geltenden Vorschriften entsprechende Anwendung finden, sind hierfür zahlreiche **Zeitpunkte** denkbar, zB Geburt, erste Trennung vom Muttertier, erster Verkauf oder zB Dressur/Abrichten/Einreiten. Vor diesem Hintergrund ist ungeklärt,

Streitstand ⇨ **ob Tiere überhaupt „neu“ sein können, und wo die Grenze zu „gebrauchten“ Sachen zu ziehen ist.**

a) Theorie des anhaftenden Risikos

Die Rspr sieht ein Tier als „neu“ an, wenn es **nur mit dem in seiner Existenz wurzelnden allgemeinen Lebens- oder Gesundheitsrisiko** und nicht mit zusätzlichen Risiken **behaftet** ist, die durch Gebrauch typischerweise auftreten.

Argumente:

- Der Gesetzgeber hat die §§ 481 bis 491 BGB a.F. über den Viehkauf vollständig entfernt, weil er davon ausging, die §§ 433 ff. BGB seien auch hierfür angemessen. **Mangels abweichender Sondernormen** gelten somit gemäß § 90a S. 3 BGB die Kategorien „neu“ und „gebraucht“ auch für Tiere.
- In den **Gesetzgebungsmaterialien** heißt es, auch künftig sollten „junge Haustiere ... als „neu“ angesehen werden“ (BT-Drucksache 14/6040, S. 245).

b) Theorie der gebrauchten Sache

Zum Teil wird vertreten, Tiere seien **immer „gebraucht“**. Denn die *entsprechende* Anwendung gemäß § 90a S. 3 BGB schließe Modifikationen nicht aus.

Argumente:

- Ein Verkäufer kann den Zustand gebrauchter Sachen **nur eingeschränkt kontrollieren** und beeinflussen. Bei Tieren ist dies ein Dauerzustand, denn ihnen wohnt von Geburt an ein allgemeines Lebensrisiko inne.
- Folgte man der Gegenauffassung, wäre eine verallgemeinerungsfähige Lösung angesichts der **Vielzahl denkbarer Arten und Verwendungszwecke** eines Tieres undenkbar. Beispielsweise erschöpft sich beim *Zierfisch* die bestimmungsgemäße Verwendung in seiner bloßen Existenz, bei *Pferden* ist aber ein Wechsel zwischen mehreren Verwendungszwecken üblich, zB vom

Turnierpferd zur Zuchtstute. Daher sind die **Kategorien neu/gebraucht sachlich unangemessen**.

Hinweise

- Bei der Abgrenzung, wann eine Sache „**neu hergestellt**" und wann „**gebraucht**" ist, stellt sich die grundsätzliche Frage, ob die Parteien diese Einordnung selbst vertraglich festlegen können:
  - *Dagegen* wird zwar angeführt, dass die Parteien es ansonsten in der Hand hätten, zwingende Gewährleistungsfristen zu umgehen. (Stichwort: ***Umgehung zwingender Normen***)
  - *Dafür* spricht jedoch der **Schutz der Privatautonomie** und die Überlegung, dass der Verkäufer einer neuen Sache diese nicht allein deshalb als „gebraucht" verkaufen und damit einen geringeren Verkaufspreis hinnehmen wird, um die Anwendbarkeit der §§ 474 ff. BGB gemäß § 474 II 2 BGB ausschließen zu können.
- Viele Praxis- und Klausurfälle betreffen naturgemäß Pkw. Hier stellt sich bisweilen die Frage, wann ein Pkw noch als
  - „**Neuwagen**" anzusehen ist. Nach der Rspr (BGH NJW 2005, 1422) reicht es hierfür aus, wenn er **1.** *unbenutzt* ist, **2.** im Zeitpunkt des Verkaufs noch in dieser Modellreihe *unverändert weitergebaut* wird, **3.** *nicht mehr als 12 Monate vor Vertragsschluss hergestellt* wurde und **4.** *keine durch längere Standzeit bedingten Mängel* aufweist. Die Frage, ob der Wagen ein *Auslaufmodell* ist oder bereits *tages- bzw. kurzzeitzugelassen* war, ist dagegen nicht relevant, sofern er innerhalb kurzer Frist danach verkauft wird. Denn anders als bei Vorführwagen dient die bloße kurzfristige Zulassung auf den Händler dem Absatzinteresse beider Parteien: Der Händler kann mit höheren Absatzzahlen werben und erhält dadurch höhere Prämien, die er an den Käufer weitergeben kann.
  - „**Jahreswagen**" anzusehen ist. Dafür genügt nicht schon, dass **1.** seit der Erstzulassung des Fahrzeugs *weniger als zwölf Monate verstrichen* sind und es **2.** *auch nicht länger in Gebrauch* war (BGH NJW 2006, 2694). Vielmehr dürfen auch hier **3.** *zwischen Herstellung und Erstzulassung nicht mehr als 12 Monate* verstrichen sein. Denn auch bei Jahreswagen ist das Gesamtalter, also auch die vor der Erstzulassung liegende Standdauer, als wertbildender Faktor von wesentlicher Bedeutung.

Fundstellen

BGHZ 170, 31; *Eichelberger*, ZGS 2007, 98; BeckOK/*Faust* (2014) § 474 Rn. 27.

22 Agenturgeschäfte als Umgehung der Verbrauchsgüterkaufregeln

P
§ 474
Rn 5a

Bei sog. **Agenturgeschäften** tritt ein Gebrauchtwagenhändler als Vertreter eines Privatverkäufers (= Eigentümer) auf, um mit dem Käufer einen Gewährleistungsausschluss nur mit der Grenze des § 444 BGB zu vereinbaren. Zwar ist **grundsätzlich** von der **Zulässigkeit** solcher Geschäfte auszugehen. Denn auf die gegenteilige Forderung aus der Literatur ist der **Gesetzgeber** bei der Schaffung von § 475 BGB nicht eingegangen. Umstritten ist jedoch,

Streitstand ⇨ **ob, unter welchen Voraussetzungen und mit welcher Konsequenz diese Gestaltung ein Umgehungsgeschäft i.S.v. § 475 I 2 BGB sein kann.**

a) Theorie vom wirtschaftlichen Risiko

Die Rspr sieht ein Agenturgeschäft dann als **Umgehungsgeschäft** an, wenn **bei wirtschaftlicher Betrachtungsweise** der Gebrauchtwagenhändler selbst als der wahre Verkäufer des Fahrzeugs anzusehen sei. Ob der Vertrag zwischen Käufer und Eigentümer zusätzlich bestehe oder als Scheingeschäft gemäß § 117 I BGB unwirksam sei, wird dabei unterschiedlich beurteilt.

Argumente:

- Wenn das **wirtschaftliche Risiko des Verkaufs** vom *Händler* (und nicht vom als Verkäufer in Erscheinung tretenden *Eigentümer*) getragen wird, ist davon auszugehen, dass **ein Eigengeschäft des Händlers missbräuchlich verschleiert** werden soll. Dies ist zB dann der Fall, wenn der Händler dem Eigentümer im Innenverhältnis einen Mindestverkaufspreis garantiert.
- Die Problematik, dass der rechtlich nicht versierte Käufer möglicherweise nicht sicher weiß, wer sein Anspruchsgegner ist, kann er **prozessual** durch eine Streitverkündung überwinden. Ihm stattdessen das Risiko, eine falsche Person zu verklagen und Tatsachen nicht beweisen zu können, vollständig abzunehmen, ist allein mit Verbraucherschutzaspekten nicht zu rechtfertigen.

b) Strohmanntheorie

Andere erkennen nur einen Vertrag zwischen Käufer und **Eigentümer** an. Dieser sei jedoch **als Strohmann des Händlers wie ein Unternehmer zu behandeln**.

Argument:

- Die erste Ansicht kann nicht erklären, wie aus dem Nichts ein weiterer Vertrag zustande kommt. Vielmehr ist der bestehende Vertrag zu modifizieren.

c) Eigenhaftungstheorie

Wiederum andere lösen diese Konstellationen über eine **Eigenhaftung des Händlers gemäß §§ 311 III, 280 ff. BGB** infolge besonderer Vertrauensstellung und verletzter Hinweispflicht auf das Fehlen der Gewährleistungsrechte.

Argumente:

- **Mangels Kaufvertrag zwischen Unternehmer und Verbraucher** ist der Anwendungsbereich des § 475 I 2 BGB nicht eröffnet.
- Die von der ersten Ansicht präferierte **„wirtschaftliche Betrachtung" ist keine sinnvolle Differenzierung**. Denn sowohl Händler als auch Eigentümer können gute Gründe für die Übertragung des Verwertungsrisikos auf den Händler haben, zB dessen bessere Marktkenntnis und Verkaufsmöglichkeiten, sowie als Anreiz für einen Neuwagenkauf des Eigentümers beim Händler. Auch angesichts der **Relativität der Schuldverhältnisse** ist nicht einsichtig, warum die Abreden im Innenverhältnis, in die der Käufer keinen Einblick hat, Auswirkungen auf das Außenverhältnis haben sollen.
- *Gegen die zweite Meinung* spricht, dass der Eigentümer mit dem Verkauf **billige Interessen** verfolgt und daher nicht mit jemandem verglichen werden darf, der Dritte zu täuschen sucht. Auch entspricht die Benachteiligung eines Verbrauchers zugunsten eines anderen nicht dem **Schutzzweck der §§ 474 ff. BGB**.

Hinweise

- Ein Teil der Literatur folgt der Rspr, will aber im Rahmen einer **Gesamtbetrachtung** neben der Risikotragung **weitere Kriterien** berücksichtigt wissen, zB die Gestaltung des Kaufvertragsformular aus der Sicht eines Laien, der Auftritt des Händlers nach außen bei Anzeigen und beim Verkaufsgespräch sowie die Frage, ob beim Händler die vermittelten von den nichtvermittelten Fahrzeugen separiert stehen. Zweifel sollen dabei wegen des von § 475 I BGB und Art. 7 der Verbrauchsgüterkaufrichtlinie bezweckten Verbraucherschutzes zu Lasten des Händlers gehen.
- Vereinzelt wird ferner vertreten, ein Umgehungsgeschäft liege nur vor, wenn das Geschäft **„keinem anderen Zweck dienen könne"**. Diese Lösung schafft hingegen Rechtsunsicherheit, da die Beteiligten in der Praxis stets vorgeschobene Gründe finden können.

Fundstellen

BGH NJW 2005, 1039; MünchKomm/*Lorenz* (2012), § 475 Rn. 28 ff.; *Maultzsch*, ZGS 2005, 175.

23 Zulässigkeit negativer Beschaffenheitsvereinbarungen

P
§ 475
Rn 3a

Wie schon an **STREITSTAND Nr. 22** ersichtlich, finden sich v.a. beim Gebrauchtwagenverkauf in der Praxis zahlreiche Versuche, die strengen Regeln der §§ 474 ff. BGB trotz § 475 I 2 BGB zu umgehen. Dabei ist auch umstritten,

Streitstand ⇨ **ob „negative Beschaffenheitsvereinbarungen" im Rahmen der §§ 474 ff. BGB zulässig sind.**

Bsp.: Ein Pkw wird vertraglich als „fahruntüchtiges Bastlerauto" bezeichnet.

a) Theorie der pauschalen Beschaffenheitsvereinbarungen

Vereinzelt sieht man diese Art von Vereinbarungen **generell** als **zulässig** an.

Argument:

- Zwar ist gemäß § 475 BGB das Gewährleistungssystem der §§ 437 ff. BGB der Disposition der Parteien entzogen, dies gilt aber nicht für die Vereinbarung der geschuldeten Beschaffenheit gemäß § 434 I 1 BGB. (Stichwort: ***Ausschluss nur des „Wie", nicht des „Ob"***)

b) Theorie der ausnahmsweisen Zulässigkeit

Überwiegend sieht man **pauschale, formelhafte Vereinbarungen** – womöglich noch in AGB – als **unwirksam** an.

Argumente:

- Ansonsten wäre dem **Missbrauch** Tür und Tor geöffnet, ein sinnvoller und vom Gesetzgeber gewollter Verbraucherschutz wäre nicht mehr zu erreichen.
- Unter welchen Voraussetzungen eine Abrede **ausnahmsweise zulässig** sein soll, wird unterschiedlich beurteilt. In der Klausur sollten Sie eine Gesamtbetrachtung anhand aller Ihnen mitgeteilter Informationen vornehmen:
  - Einige meinen, die Absprache müsse sich auf **konkrete, bestimmte Eigenschaften der Sache** beziehen, denn dem Käufer werde nur bei einer nachvollziehbaren Tatsachengrundlage bewusst, worauf er sich einlasse.
  - Anderen Literaturstimmen zufolge komme es entscheidend auf die **Widerspruchsfreiheit** in Bezug auf den übrigen Vertragsinhalt an.
  - Wiederum andere ziehen für die Ermittlung der gewollten Beschaffenheit **Rückschlüsse aus dem vereinbarten Kaufpreis**.
  - Schließlich wird vertreten, es könne lediglich ein **Verwendungszweck** i.S.v. § 434 I 2 Nr. 1 BGB vereinbart werden.

Hinweise

- Die Kreativität der Gebrauchtwagenhändler ist ungebrochen: Bisweilen werden auch Fälle diskutiert, in denen der Verbraucher durch eine **gesonderte, nur für abschließend genannte Mängel geltende Garantie eines Dritten** von den Mängelrechten gegen den Verkäufer abgelenkt werden soll (vgl. *Girkens/Baluch/Mischke*, ZGS 2007, 130, 132). Wenn der Verbraucher dann die Mängel – wie in dem Garantievertrag genannt – *selbst beseitigen* lässt und feststellt, dass die Garantie für diese Art der Mängel nicht eingreift, beruft sich der Verkäufer bei den Gewährleistungsrechten darauf, dass er weder Selbstvornahmekosten noch ersparte Aufwendungen ersetzen muss (vgl. zur letzten Frage **STREITSTAND Nr. 4**).
- Tritt der Leasinggeber im Rahmen eines **Finanzierungsleasings** sämtliche Gewährleistungsansprüche gegen den Lieferanten der Leasingsache an den Leasingnehmer, der zugleich Verbraucher ist, ab und läuft diese Abtretung leer, da Leasinggeber und Lieferant tatsächlich sämtliche Gewährleistungsansprüche ausgeschlossen haben, so ist diese Konstruktion **nicht als Umgehungsgeschäft** im Sinne von § 475 I 2 BGB anzusehen (so explizit BGH NJW 2006,1066). Denn hier hat der Verbraucher aus wirtschaftlichen Gründen mit dem Lieferanten gar keinen Kaufvertrag schließen können oder wollen. Zudem stehen ihm regelmäßig mietrechtliche Gewährleistungsansprüche gegen den Leasinggeber zu.

Fundstellen

MünchKomm/*Lorenz* (2012), § 475 Rn. 8 ff.; OLG Oldenburg ZGS 2004, 75 mit Anmerkung *Stölting*, ZGS 2004, 96.

24 Reichweite der Beweislastumkehr gemäß § 476 BGB

P
§ 476
Rn 8

Nach der allgemeinen Regel des § 363 BGB obliegt es dem Käufer einer Sache, deren Mangelhaftigkeit darzulegen und zu beweisen. Für Verbrauchsgüterkäufe gibt es die Ausnahme des § 476 BGB.
Anerkannt ist, dass § 476 BGB *jedenfalls* eine **Vermutung in zeitlicher Hinsicht** enthält, dass also der vom Käufer bewiesene Mangel als bei Gefahrübergang vorhanden gilt. Ebenso unstreitig ist, dass § 476 BGB keine Regelung für die Frage ist, *ob überhaupt* ein Mangel vorliegt. Umstritten ist aber,

Streitstand ⇨ **ob § 476 BGB über die zeitliche Vermutung hinaus ein Regelungsgehalt zukommt.**

a) Theorie der zeitlich wirkenden Vermutung

Insbesondere die ständige Rspr des BGH sieht in **§ 476 BGB eine lediglich in zeitlicher Hinsicht wirkende Vermutung**, die Norm greife nur bei der Ungewissheit, ob die festgestellte Mangelhaftigkeit bereits vor Gefahrübergang vorlag.

Argumente:

- Die Vorschrift des § 476 BGB setzt ausweislich ihres **Wortlauts** einen binnen sechs Monaten seit Gefahrübergang aufgetretenen Sachmangel voraus.
- Noch eindeutiger ist die europäische Grundlage der Norm, **Art. 5 IIII der Verbrauchsgüterkaufrichtlinie**, wenn dort „...vermutet wird, dass Vertragswidrigkeiten, die binnen sechs Monaten nach der Lieferung des Gutes offenbar werden, bereits zum Zeitpunkt der Lieferung bestanden."

b) Theorie des umfassenden Verbraucherschutzes

In der Literatur wird häufig vertreten, es genüge für § 476 der **Beweis *irgend*eines (Folge)Mangels**, um zu vermuten, dass bei Gefahrübergang schon ein Grundmangel vorhanden gewesen sei.

Argumente:

- In § 476 BGB heißt es „ein", nicht „der" Sachmangel, d.h. die Vermutung bezieht sich nicht nur darauf, dass gerade der aufgetretene Mangel schon bei Gefahrübergang bestand. (Stichwort: ***Wortlaut 476***)
- § 476 BGB soll nach der **Gesetzesbegründung** eine „echte" Beweiserleichterung sein. Gerade in Fällen, in denen der Verbraucher die Sache erst ab Übergabe auf Mängel prüfen kann, geriete er sonst regelmäßig in Beweisnot. (Stichwort: ***effektiver Verbraucherschutz***)

- Die Gegenauffassung verwechselt den Aspekt der Verursachung eines Mangels mit der Frage, wann dieser entstanden ist. (Stichwort: ***Verursachung ≠ Entstehungszeitpunkt***)
- Art. 5 III der Verbrauchsgüterkaufrichtlinie setzt nur **Mindeststandards**, über die der deutsche Gesetzgeber in zulässiger Weise (Art. 8 II) hinausging.

Hinweise

- § 476 BGB enthält zwei tatbestandliche Ausnahmen, namentlich die Unvereinbarkeit der Vermutung mit der Art der Sache oder des Mangels (vgl. für Letztere **STREITSTAND Nr. 25**). Die Ausnahme hinsichtlich der „Art der Sache" bezieht sich zB auf leicht verderbliche Waren. Bei **gebrauchten Sachen** ist sie *nicht* generell zu bejahen, vielmehr sind auch hier die Umstände des Einzelfalls zu berücksichtigen. Dagegen sprechen nämlich die Tatsache, dass die Verbrauchsgüterkaufrichtlinie von ihrem sachlichen Anwendungsbereich her auch gebrauchte Sachen erfasst sowie ein Umkehrschluss aus §§ 474 I 2, 478 I 1 BGB, die Ausnahmeregelungen für gebrauchte Sachen enthalten.
- Die Vermutung des § 476 BGB gilt generell auch beim **Kauf von Tieren**, allerdings kann die Vermutung je nach Art einer den Mangel verursachenden Krankheit ausgeschlossen sein, zB bei besonders kurzer Inkubationszeit oder einer Krankheit aufgrund eines Spontanereignisses (BGHZ 167, 40).
- Die Vermutung des § 476 BGB entbindet den Verbraucher nicht von seinen **Beweissicherungspflichten**. Die mangelhafte Sache muss er aufbewahren, um dem Unternehmer die Beweisführung zu ermöglichen.
- Nach dem Wortlaut von § 476 BGB muss sich der Sachmangel nur **„zeigen"**. Dass der Verbraucher ihn bei genauer Untersuchung schon vor Gefahrübergang *hätte erkennen können*, ist daher unschädlich (BGH NJW 2007, 2619).
- Liegen die Voraussetzungen des § 476 BGB einmal vor, dann reicht es nicht aus, dass der Unternehmer sie erschüttert. Erforderlich ist vielmehr der **volle Beweis des Gegenteils, § 292 ZPO**.
- Zum Teil wird in der *Literatur* vertreten, die Vermutung dürfe im Wege einer teleologischen Reduktion nicht angewendet werden, wenn ein **Dritter die Kaufsache beim Käufer einbaue**. Denn der Umgang Dritter mit der Sache erhöhe die Gefahr. Der *BGH* ist dem mit der Überlegung entgegen getreten, dass die *Schutzwürdigkeit des Verbrauchers* unabhängig davon vorliegt, ob ein Dritter oder er selbst die Kaufsache einbaut (BGH NJW 2005, 283).

Fundstellen: BGH NJW 2014, 1086; BeckOK/*Faust* (2014), § 476 Rn. 8 ff.

25 § 476 BGB bei äußeren Beschädigungen, die jederzeit auftreten können

P
§ 476
Rn 11

Umstritten ist auch,

Streitstand ⇨ **ob § 476 BGB bei einer äußeren Beschädigungen anzuwenden ist, also bei Mängeln, die *jederzeit* oder plötzlich auftreten können.**

Bsp.: (Offensichtlich erkennbarer) Karosserieschaden eines verkauften Pkw.

a) Theorie der Unvereinbarkeit mit der Art des Mangels

Einige Stimmen der Literatur **lehnen** hier eine Anwendung von § 476 BGB **ab**.

Argument:

- Der **Sinn und Zweck von § 476 BGB** ist nicht berührt: Denn bei Mängeln, die jederzeit auftreten können, kann nicht mit genügender Wahrscheinlichkeit darauf geschlossen werden, dass sie bereits bei Gefahrübergang vorlagen.

b) Theorie des umfassenden Verbraucherschutzes

Die Rspr **bejaht** auch in diesen Fällen die **Anwendung von § 476 BGB**, dies scheitere insbesondere nicht an einer „Unvereinbarkeit mit der Art des Mangels“. Eine **Ausnahme** sei nur zu machen, **wenn** die äußere Beschädigung **auch einem nicht versierten Käufer hätte auffallen müssen.**

Argumente:

- Angesichts des weiten **Wortlauts** von § 476 BGB und des eindeutigen **Regel-Ausnahme-Verhältnis** innerhalb der Norm darf ein Ausschluss wegen Art der Sache oder des Mangels nur in engen Ausnahmefällen möglich sein.
- Ansonsten würde die Vermutungswirkung weitgehend ausgehöhlt und der mit der Norm bezweckte **Verbraucherschutz zu sehr eingeschränkt**.

Hinweis

Konzentrieren Sie sich bei einer vieldiskutierten Norm wie § 476 BGB auf die Grundtendenzen und ordnen Sie die Fragen den einzelnen Merkmalen des § 476 BGB zu. Der BGH neigt zwar zu einer restriktiven Handhabung der Vermutung (vgl. **Streitstand Nr. 24**), stärkt aber zugleich effektiven Verbraucherschutz und legt daher im Gegenzug die Ausnahmetatbestände des § 476 BGB einschränkend aus.

Fundstellen: BGH NJW 2005, 3490; MünchKomm/*Lorenz* (2014), § 476 Rn.17.

26 § 476 BGB bei tatsächlich fehlender Prüfmöglichkeit des Unternehmers

P
§ 476
Rn 2

Grundgedanke von § 476 BGB ist es, dass der verkaufende Unternehmer typischerweise bessere Möglichkeiten hat, die Kaufsache auf Mangelhaftigkeit zu überprüfen. Umstritten ist in diesem Zusammenhang,

Streitstand ⇨ **ob § 476 BGB auch dann eingreift, wenn diese besseren Erkenntnismöglichkeiten des Unternehmers *tatsächlich* nicht bestehen.**

Bsp.: Unternehmer U verkauft dem Verbraucher V eine Katze, deren Erkrankung er selbst nicht hätte feststellen können.

a) Theorie des tatsächlichen Wissensvorsprungs

Einige wenden § 476 BGB bei Fehlen eines Wissensvorsprungs **nicht** an.

Argumente:

- Ausweislich der **Gesetzesbegründung** (BT-Dr. 14/6040, S. 245) ist Grundlage des § 476 die Erwägung, „dass ein Verkäufer, der als Unternehmer eine bewegliche Sache an einen Verbraucher verkauft, jedenfalls in engem zeitlichen Zusammenhang mit der Übergabe typischerweise über bessere Erkenntnis- und Beweismöglichkeiten verfügt als der Verbraucher."
- Fehlt es an der prognostizierten fachlichen Überlegenheit, kann eine Beweislastumkehr gerade nicht gerechtfertigt werden. (Stichwort: ***telos***)

b) Theorie des umfassenden Verbraucherschutzes

Die Rspr spricht sich für eine Anwendung von § 476 BGB **auch bei Fehlen einer besseren Erkenntnismöglichkeit** des Unternehmers aus.

Argumente:

- Die Prüfmöglichkeiten des Unternehmers waren zwar Motivation des Gesetzgebers, sie finden sich aber im **Wortlaut** von § 476 BGB nicht wieder.
- Folgte man der Gegenauffassung, dann griffe die Vermutung auch im Fall von verdeckten Mängeln (zB bei originalverpackter Ware) nicht ein. Dadurch würde der spezifisch Verbraucher schützende Charakter der Norm weitgehend unterlaufen. (Stichwort: ***originalverpackte Ware***)

Fundstelle

BGH NJW 2007, 2619.

27 (Analoge) Anwendung von § 478 BGB im Fall der Nachlieferung

P
§ 478
Rn 10

Die §§ 478 f. BGB regeln den Regress des Verkäufers beim Lieferanten, wobei die eigene Anspruchsgrundlage des § 478 II BGB oft als „**selbständiger**" und § 478 I BGB, der (nur) zur Entbehrlichkeit der Fristsetzung führt, als „**unselbständiger" Regress** bezeichnet werden. Sinn und Zweck der Normen ist es, den Einzelhändler davor zu schützen, für die Nachteile einstehen zu müssen, die sich aus dem umfassenden Verbraucherschutz der §§ 474 ff. BGB ergeben. Die §§ 478 f. BGB sollen ein **unkompliziertes Durchreichen in der Verkaufskette** ermöglichen und so den Letztverkäufer zu einer problemlosen Regulierung bewegen, was letztlich dem Verbraucher zugute kommt.
In § 478 I BGB sind nur die Fälle genannt, in denen der Letztverkäufer *„die Sache als Folge ihrer Mangelhaftigkeit zurücknehmen musste"* (d.h. Rücktritt oder großer Schadenersatz) *„... oder der Verbraucher den Kaufpreis gemindert hat."*
Im Fall der **Nachbesserung** ist § 478 I BGB nicht anwendbar, weil dort der Letztverkäufer bereits über die abschließende Regelung des § 478 II BGB ausreichend geschützt ist. Umstritten ist aber, ob

Streitstand ⇨ ob § 478 I BGB bei einer **Nachlieferung** (ggf. analog) anzuwenden ist, da die Sache auch hier gemäß § 439 IV BGB zurückzugewähren ist.

a) Theorie des erleichterten Regresses bei Nachlieferung

Zum Teil wird die **(analoge) Anwendung** von § 478 I BGB auf Fälle der Nachlieferung **bejaht**.

Argument:

- Es kann für den Regress im Ergebnis nicht darauf ankommen, ob der Verkäufer Nacherfüllung *gewährt* (dann § 439 IV BGB) oder *verweigert* (dann zB §§ 437 Nr. 2, 346 I BGB).

b) Theorie der engen Regressregelung

Andere **verneinen diese Erweiterung** von § 478 I BGB auf eine Nachlieferung.

Argument:

- **Sinn und Zweck der Rückgabepflicht nach § 439 IV BGB** ist es lediglich, eine Bereicherung des Käufers zu verhindern (vgl. dazu **STREITSTAND Nr. 15**). Mit § 346 I BGB ist diese Regelung daher nicht vergleichbar.

Hinweise

- Wegen der funktionellen Äquivalenz von Minderung und „kleinem" Schadenersatz (§ 281 I 2 BGB) – beide enthalten den Minderwert der Sache – bietet es sich an, **§ 478 BGB auf den kleinen Schadenersatz analog** anzuwenden. Möchten Sie teleologische Korrekturen vermeiden, dann können Sie alternativ einen Fall des § 281 II Alt. 2 BGB annehmen, sodass es auf § 478 BGB nicht ankommt.
- Arbeiten Sie – jetzt und in der Prüfungssituation – immer mit dem Gesetz und machen Sie, wenn immer möglich, die streitigen Fragen am jeweiligen Wortlaut der Norm fest. Hat der Letztverkäufer die Sache zB wegen Ausübung eines **vertraglichen Rücktrittsrechts** oder **Widerrufsrechts** durch den Käufer zurückgenommen, dann sollten Sie diese Fälle im Rahmen des § 478 I BGB beim Merkmal *„als Folge"*, die Gleichstellung des **kleinen Schadenersatzes** und der **Nachlieferung** bei *„zurücknehmen"* und die Rücknahme der Sache **aus Kulanz** beim Prüfungsschritt *„musste"* einordnen.

Fundstelle

Tiedtke/Schmitt, ZIP 2005, 681, 682.

28 Lieferantenregress (§§ 478 f. BGB) bei Abbrechen der Lieferkette

P
§ 478
Rn 3

Umstritten ist, ob § 478 I BGB auch dann (analog) anzuwenden ist,

Streitstand ⇨ **wenn der Letztverkäufer selbst den Mangel entdeckt und es infolgedessen zum geplanten Verbrauchsgüterkauf gar nicht mehr kommt.**

a) Theorie des Regresses trotz abgebrochener Lieferkette

Zum Teil wird die **analoge Anwendung von § 478 BGB** in diesem Fall **bejaht**.

Argumente:

- Die Frage der Entbehrlichkeit der Frist kann nicht von dem **zufälligen Umstand** abhängen, wer die Mangelhaftigkeit der Sache entdeckt.
- Der Letztverkäufer muss zu jedem Zeitpunkt wissen, welches Regelungssystem auf seine Verträge anwendbar ist. (Stichwort: ***Rechtssicherheit***)

b) Theorie der abgeschlossenen Lieferkette

Ganz überwiegend ist man der Ansicht, § 478 BGB passe **nur**, **wenn** am Ende der Lieferkette auch **tatsächlich ein Verbrauchsgüterkauf** erfolge.

Argumente:

- Angesichts der **bewussten Entscheidung des Gesetzgebers** (vgl. BT-Dr. 14/6040, S. 247) fehlt bereits die für eine Analogie erforderliche planwidrige Unvollständigkeit. Hierfür spricht zusätzlich zu dem insoweit **eindeutigen Wortlaut** auch die **systematische Stellung** der §§ 478 f. BGB in Untertitel 3 über den „Verbrauchsgüterkauf". (Stichwort: ***keine Lücke***)
- **Verbraucherschutz** ist hier **nicht einschlägig**. Der Letztverkäufer ist nicht schutzwürdig, da er die Gewährleistung ohne Eingreifen von § 475 BGB ausschließen kann. (Stichwort: ***keine vergleichbare Interessenlage***)

Hinweise

- Vereinzelt wird nach der **Art der verkauften Sachen**, also danach differenziert, ob es *typischerweise* zu einem Letztverkauf an Verbraucher gekommen wäre. Dies führt aber zu Abgrenzungsschwierigkeiten.
- Eine **AGB-Klausel**, nach der §§ 478 f. BGB bei Verkäufen an Unternehmer anwendbar sein soll, ist nach § 307 II Nr. 1 BGB und – wegen §§ 478 III, 476 BGB – nach § 309 Nr. 12 BGB unwirksam (vgl. BGH NJW 2006, 47, 50).

29 Regress des Letztverkäufers beim Zulieferer bloßer Einzelteile

P
§ 478
Rn 3

Da Art. 4 der Verbrauchsgüterkaufrichtlinie es dem nationalen Gesetzgeber überlassen hat, „den oder die Haftenden [zu bestimmen], den oder die der Letztverkäufer in Regress nehmen kann...", ist heute umstritten,

Streitstand ⇨ **ob der Letztverkäufer nach §§ 478 f. BGB auch bei einem Lieferanten Regress nehmen kann, der lediglich Einzelteile zugeliefert hat.**

a) Zulieferertheorie

Vereinzelt wird §§ 478 f. BGB auf Einzelteilezulieferer **analog** angewendet.

Argumente:

- Eine durchgehende Lieferkette findet sich in der modernen Fertigung äußerst selten. Vielmehr ist es heute **gängige Praxis**, Einzelteile zu liefern und dann in ein Endprodukt einzubauen. (Stichwort: ***Realitätsakzessorietät***)
- Es kann keinen Unterschied machen, ob der Verbraucher gelieferte Einzelteile selbst zusammenbaut oder ob dies der Letztverkäufer für ihn übernimmt. Ansonsten geriete der Letztverkäufer durch diese zusätzliche Leistung in eine Regressfalle. (Stichwort: ***Schlechterstellung trotz Mehrleistung***)
- Dass jemand für fremde Endprodukte haften muss, ist angesichts der Tatsache, dass **Hersteller im Sinne von § 4 I 1 ProdHaftG** auch derjenige ist, der *„ein Teilprodukt hergestellt hat*", kein Novum.

b) Theorie des vollständigen Endprodukts

Die überwiegende Literaturauffassung lehnt eine Analogie ab; die Regressvorschriften würden **nur für Lieferanten des vollständigen Endprodukts** passen.

Argumente:

- Der **Gesetzgeber** ging angesichts des eindeutigen **Wortlauts** (*„die verkaufte Sache"*) von der Wesenseinheit der weiterveräußerten Sache aus.
- Dies überzeugt auch **wertungsmäßig**: Denn da ein Zulieferer nie Besitz an dem hergestellten End-/Gesamtprodukt hat, kann er auch nur für das von ihm gelieferte Teilprodukt verantwortlich sein.
- Aus § 4 I 1 ProdHaftG folgt nichts Anderes, denn auch dort muss jeder nur für Fehler einstehen, die dem von *ihm* produzierten Teilprodukt entstammen.

Fundstelle: *Jacobs*, JZ 2004, 225, 227 f.

30 Wiederaufleben einer eingetretenen Verjährung wegen § 479 II 1 BGB?

P
§ 479
Rn 5

Die Verjährung der Regressansprüche des *Letztverkäufers* gegenüber dem Lieferanten beginnt mit Ablieferung der Sache (§ 446 BGB), also ggf. deutlich früher als die Verjährung der Gewährleistungsrechte des *Verbrauchers*. **Dieser Verjährungsfalle soll § 479 II 1 BGB Vorschub leisten**. Umstritten ist dabei,

Streitstand ⇨ **ob eine nach § 438 BGB einmal eingetretene Verjährung wieder entfällt, wenn die Vor. der Ablaufhemmung gemäß § 479 II 1 BGB eintreten.**

Bsp.: Einzelhändler U kauft Schränke von Lieferant L, kann sie aber erst nach drei Jahren an die Endkunden (Verbraucher) weiterverkaufen.

a) Wiederauflebenstheorie

Zum Teil sollen die Mängelrechte des Letztverkäufers dann **wieder aufleben**.

Argument:

- Ansonsten wäre der Schutz gegen die o.g. Regressfalle unvollständig.

b) Fortbestehenstheorie

Überwiegend meint man, die **eingetretene Verjährung** der unternehmerischen Mängelrechte **bestehe fort**. (Stichwort: ***einmal Verjährung, immer Verjährung***)

Argumente:

- Gehemmt werden kann eine Verjährung nur dann, wenn die Frist noch läuft. Das zeigt schon der in S. 2 genannte **Begriff der „Ablaufhemmung"**.
- Ein **Wiederaufleben** bereits verjährter Ansprüche **wäre im BGB ein Novum**. Es ist kaum denkbar, dass der Gesetzgeber eine solche Konstruktion in § 479 II 1 BGB schaffen wollte, ohne dies im Wortlaut deutlich zu machen.

Hinweis

Zu denken ist auch an eine **teleologische Reduktion des § 479 II 1 BGB**, wenn der Letztverkäufer bereits verjährte Ansprüche des Verbrauchers erfüllt, mit diesem eine Verlängerung der Verjährungsfrist vereinbart oder auch nur mit ihm verhandelt, vgl. hierzu *Harke*, ZGS 2004, 14.

Fundstellen: MünchKomm/*Lorenz* (2012) § 479 Rn. 11; *Raue*, Jura 2007, 427, 428 ff.; *Sendmeyer* NJW 2008, 1914.

Andere Vertragsarten

Aufgrund der weitreichenden **Parallelität des Werkvertragsrechts zum Kaufrecht** können Ihnen einige der oben stehenden Streitfragen auch in anderem Gewand begegnen. **Achten Sie dabei auf die feinen Unterschiede** in Wortlaut und Systematik zwischen beiden Regelungskomplexen. Nehmen Sie sich die Zeit, alle Abweichungen – zB in Tabellenform – herauszuarbeiten. Welche Unterschiede gibt es zB zwischen §§ 433 II und 632; 433 I 2, 434, 435 und 633; 438 und 634a; 439 und 635, sowie 440 und 636 BGB? Gibt es ein Pendant zu § 436, 442 f., 445 bzw. 637 oder 642 ff.? Nach welchen Kriterien richtet sich die Abgrenzung in § 651 BGB?

Ein Rechtsgebiet, das bereits mehrfach zur Anpassung an die Realität reformiert wurde, ist das **Mietrecht** (vgl. zuletzt die sog. „Mietpreisbremse", d.h. das Mietrechtsnovellierungsgesetz vom 21.4.2015, BGBl. I, S. 610). Da dieser Bereich jedoch im Vergleich seltener in Examensklausuren auftaucht, beschränkt sich die Darstellung hier auf zentrale Streitstände.

In anderen Rechtsbereichen war die Rspr Wegweiser für eine grundlegende Änderung der Rechtsauffassungen und Initiator einer Vielzahl von Streitständen. Richtungsweisend war z.B. das BGH-Urteil zur Rechtsfähigkeit der **Gesellschaft bürgerlichen Rechts** (BGHZ 146, 341). Auch im Recht der **Bürgschaft**, die aufgrund der Grundsätze zur Akzessorietät in der Ausbildung oft bemüht wird, sind Streitfragen durch die neuere Rechtsprechung veranlasst. Im Einzelnen:

Seite

31 Vertragstypologische Einordnung einer „gemischten Schenkung“

P
§ 516
Rn 13 ff.

Eine „**gemischte Schenkung**“ ist nach der Rspr anzunehmen, wenn der Wert der Leistung des einen Vertragspartners dem Wert der Leistung des anderen nur teilweise entspricht, die Parteien dies wissen und übereinstimmend wollen, dass der überschießende Wert unentgeltlich gegeben wird. In der Praxis hat oft ein **objektives Missverhältnis der Werte** bei Vollzug des Vertrags **Indizwirkung**. Umstritten ist die rechtliche Handhabung solcher Verträge, insbesondere

Streitstand ⇨ **ob bei einer „gemischten Schenkung“ ein einheitlicher Vertrag vorliegt und nach welchen Regeln dieser zu beurteilen ist.**

Bsp.: *A verkauft seinem langjährigen Freund B seinen Rasenmäher (Wert 200 Euro) für 120 Euro, wobei sich beide des wahren Werts bewusst sind.*

a) Theorie des einheitlichen Rechtsgeschäfts

Zum Teil geht man von einem **einheitlichen Rechtsgeschäft** aus. Anzuwenden seien hierauf sowohl Schenkungsrecht als auch die Regeln des jeweils anderen Vertragstyps; bei einem Widerspruch der Normen komme es auf den von den Parteien gewollten wirtschaftlichen Zweck des Vertrags an.

Argumente:

- Wenn die **Vertragsparteien** – wie so häufig – nur *einen* Vertrag über die Zuwendung nur *eines* Gegenstands schließen wollen, liegt auch nur ein einheitliches Geschäfts vor.
- Die Anwendung von Normen verschiedener Vertragstypen auf ein Rechtsgeschäft ist dem BGB nicht fremd, vgl. nur **§§ 651 I 2 oder 675 BGB**.

b) Theorie der getrennten Vertragsteile

Andere wollen das Rechtsgeschäft in einen **unentgeltlichen Teil**, auf den Schenkungsrecht Anwendung finde, und in einen **entgeltlichen Part** aufspalten, für den das Recht des entsprechenden Vertragstyps gelte. Für das Wertverhältnis der beiden Teile zueinander sei der Parteiwille maßgeblich.

Argument:

- Schon der **Gesetzgeber** sah eine solche Aufteilung als selbstverständlich an. Auch die **Rspr** verfolgt diesen Ansatz seit RGZ 54, 107, 110. Heute kann man daher bereits von **Gewohnheitsrecht** ausgehen.

c) Theorie der Zweckwürdigung

Die wohl überwiegende Ansicht differenziert: Da beide genannten Ansätze ihre Schwächen hätten, müssten **für jeden Einzelfall gesondert** sowohl *Parteiwillen* als auch *Sinn und Zweck des Geschäfts* einkalkuliert werden.

Argumente:

- *Gegen die erste Auffassung* spricht, dass zwei **sich widersprechende Aspekte** wie Un-/Entgeltlichkeit eigentlich keine Einheit bilden können.
- Im Rahmen der *zweiten Ansicht* ergeben sich hingegen **praktische Schwierigkeiten bei der Ermittlung der Quote** zwischen un-/entgeltlichem Teil, da die Parteien sich hierüber regelmäßig keine Gedanken machen. Zusätzlich erscheint es ungerecht, dass der Schenker in den Fällen der §§ 528, 531 BGB vom Empfänger **Wertersatz in Höhe der Wertdifferenz** fordern kann, **obwohl** dieser die Sache **zum regulären Preis nicht gewollt hätte**.

Hinweise

- In der jahrzehntelangen Diskussion haben sich weitere Lösungsansätze herausgebildet (Varianten der zweiten Ansicht):
  - Vereinzelte Stimmen der Literatur konstruieren einen **nachträglichen Erlassvertrag**; nur auf diesen sei das Schenkungsrecht anzuwenden.
  - Wiederum andere gehen davon aus, dass die vorgelagerte Schenkung durch den späteren Vertragsschluss (im Bsp.: Kaufvertrag) erfüllt werde (Stichwort: ***Schenkung causa für späteren Vertrag***). Allerdings ist diese mehrstufige Verbindung dogmatisch schwierig zu begründen: Wie soll der spätere Vertragsschluss, also das gegenseitige Eingehen von Verpflichtungen, eine Zuwendung i.S.d. § 516 BGB sein? Auch führte diese Lösung entgegen § 518 BGB zur formlosen Wirksamkeit der Schenkung.
- Das Problem kann in zahlreichen (in der Klausur nicht leicht zu entdeckenden) **Fallkonstellationen** auftreten, zB bei der Frage der Anwendbarkeit der Schenkungssonderregeln oder bei §§ 816 I 2, 822, 1390, 2113 II, 2205 S. 2, 2287 I, 2325 I, 2375, 2385 II BGB, 4 AnfG oder 134 InsO.
- **Der Streitstand ist verallgemeinerungsfähig**. Die Unterscheidung zwischen Trennungs- und Einheitsthese ist immer dann relevant, wenn ein Vertrag aus mehreren gesetzlichen Regeltypen zusammengesetzt ist (zB Mietvertrag mit werkvertraglichen Elementen). Auch dann stellt sich immer die Frage des jeweils anwendbaren Rechts.

Fundstelle: MünchKomm/*Koch* (2012), § 516 Rn. 36 ff.

32 Anfechtung im Mietrecht: Nichtigkeit ex nunc oder ex tunc?

P
§ 119
Rn 5

Bei Nichtigkeit eines Mietvertrags hat der Mieter mangels vertraglichen Besitzrechts die Mietsache gemäß § 812 I 1 Alt. 1 BGB (und ggf. § 985 BGB) zurückzugewähren und die Nutzungen der Mietsache herauszugeben. Im Gegenzug kann er die gezahlte Miete kondizieren. Nach der Saldotheorie (vgl. hierzu **STREITSTAND Nr. 56**) besteht dabei von vorneherein nur ein einheitlicher Ausgleichsanspruch in Höhe der Differenz der zurückzugewährenden Summen. Nicht nur für die Höhe dieser Summen relevant und daher umstritten ist, ob eine Anfechtung wie in § 142 BGB geschrieben *ex tunc* wirkt oder ob dieser Grundsatz für das Mietrecht zu modifizieren ist. Dabei ist die Rückwirkung für die Zeit *vor* Überlassung der Mietsache anerkannt, umstritten ist jedoch, ob

Streitstand ⇨ ***nach* Überlassung der Mietsache eine Anfechtung mit rückbezogener Wirkung überhaupt noch möglich ist.**

a) Theorie des in Vollzug gesetzten Mietvertrags

Teilweise spricht man sich für das Mietrecht **gegen** die Möglichkeit einer Anfechtung mit ***ex tunc*-Wirkung** aus.

Argumente:

- Zwischen den Anfechtungsregeln und den mietrechtlichen Spezialvorschriften, die dem Mieter Bestandsschutz garantieren (zB §§ 573, 574, 575 BGB), besteht ein Spannungsverhältnis, welches entweder durch eine verdrängende Wirkung der Spezialnormen oder durch Modifikation der zeitlichen Wirkung der Anfechtung gelöst werden kann. (Stichwort: ***Bestandsschutz***)
- Ähnlich wie im Kaufrecht (vgl. **JURISTISCHE STREITSTÄNDE**, **BGB AT/SCHULDRECHT AT**, **Nr. 23**) müssen die Gewährleistungsrechte der **§§ 536 ff. BGB Sperrwirkung** ggü. einer Anfechtung nach § 119 II BGB entfalten. Anders als für die §§ 437, 439 BGB gibt es im Mietrecht zwar keinen Nacherfüllungsvorrang, der vernachlässigt werden könnte. Allerdings schließt auch **§ 536b S. 2 BGB** (parallel zu § 442 I 2 BGB) Gewährleistungsrechte des Mieters weitgehend aus, wenn dieser Mängel bei Vertragsschluss grob fahrlässig nicht kannte. Diese Regelung darf nicht durch eine Lösung vom Vertrag (§ 119 II, 142 BGB) umgangen werden. Gleiches gilt für **Verjährungsfristen** (§ 548 BGB bzw. §§ 195, 199 BGB), die nicht durch § 121 BGB (bis zu 10 Jahre!) unterlaufen werden dürfen. (Stichwort: ***Sperrwirkung***)
- Eine Abwicklung „von Anfang an“ führt zu **Rückabwicklungsschwierigkeiten** vergleichbar denen eines fehlerhaften, aber in Vollzug gesetzten

Arbeitsverhältnisses oder einer fehlerhaften Gesellschaft. Auch bei einem durchgeführten Mietverhältnis wird ein **sozialer Tatbestand** geschaffen, der nur noch für die Zukunft beseitigt werden kann. Selbst wenn man daher die Möglichkeit einer Anfechtung bejaht, dann darf diese nur ex nunc wirken.

b) Rückwirkungstheorie

Überwiegend, auch von der Rspr (NJW 2009, 1266) wird vertreten, eine Anfechtung sei auch im Mietrecht gemäß§ 142 BGB **mit Wirkung *ex tunc* möglich**.

Argumente:

- Die richterrechtlichen Grundsätze über ein fehlerhaftes Arbeitsverhältnis oder eine fehlerhafte Gesellschaft werden heute immer enger verstanden; sie sind zudem auf das Mietrecht **teleologisch nicht übertragbar**. Denn allein die Tatsache, dass die Mietparteien sich auf längere Zeit binden, schafft keine Vergleichbarkeit. Anders als beim Arbeitsverhältnis besteht **mangels Eingliederung in komplizierte Organisationsstrukturen** kein besonderes Bestandsinteresse. Ein Mietverhältnis ist vielmehr ein einfach strukturiertes Austauschverhältnis. (Stichwort: ***keine vergleichbare Interessenlage***)
- Wenn infolge arglistiger Täuschung etwa ein überhöhter Mietzins vereinbart wurde, **wäre** ein Beibehalten der vertraglichen Regelung bis zur Anfechtungserklärung **nicht sachgerecht**. Hier ist es sinnvoller, einen adäquaten *ex tunc*-Ausgleich anhand der gesetzlichen Regelungen der §§ 812 ff. und 985 ff. BGB zu gewähren.

Hinweise

- Die erste Auffassung wird in unterschiedlichen Ausprägungen vertreten:
  - Ein Teil der Literatur lässt eine Anfechtung zwar grundsätzlich zu, spricht ihr aber **nur *ex nunc*-Wirkung** (Stichwort: ***zeitliche Modifikation***).
  - Andere ersetzen **lediglich § 119 II BGB** (z.T. auch **§ 123 BGB**) durch die mietrechtlichen Gewährleistungsregeln.
  - Wiederum andere plädieren für eine **generelle Ersetzung der Anfechtungsrechte** durch die mietrechtlichen Sonderregeln, also v.a. §§ 536 f. BGB (Gewährleistung) und §§ 543, 569 BGB (Kündigung).
- Bei einem Eigentümerwechsel ergibt sich aus der Sonderregel des § 566 BGB, dass der bisherige Vermieter zutreffender **Anfechtungsgegner** ist.

Fundstellen

Staudinger/*Singer* (2012), § 119 Rn. 83; *Fischer*, NZM 2005, 567, 568.

33 Vorübergehende Entfernung von Sachen und Vermieterpfandrecht

P
§ 562a
Rn 4 f.

Anders als das Faustpfandrecht der §§ 1204 ff. BGB ist ein Vermieterpfandrecht **besitzlos**. Nach außen erkennbar ist die Rechtsinhaberschaft des Vermieters also nur bedingt, nämlich durch die örtliche Anknüpfung an das Mietgrundstück. Unter den Voraussetzungen des § 562a BGB kann das Pfandrecht erlöschen. Dabei meint „Entfernung" i.S.d. § 562a BGB jedenfalls das *rein tatsächliche Herausschaffen aus dem Grundstück des Vermieters*. Darüber hinaus ist umstritten,

Streitstand ⇨ **wie der Begriff der „Entfernung" i.S.d. § 562a S. 1 BGB genau zu verstehen ist.**

Bsp.: M hat seinen Pkw in einer gemieteten Garage und fährt täglich zur Arbeit.

a) Dauerhaftigkeitstheorie

Einige meinen, das Wegschaffen der Sache müsse **auf Dauer angelegt** sein.

Argumente:

- Ansonsten würde das Vermieterpfandrecht **praktisch wertlos**. Jede noch so kurze Entfernung (logische Sekunde) kann nicht gemeint sein.
- In **§ 1121 BGB** wohnt der „Entfernung" anerkanntermaßen ein Element der Dauerhaftigkeit inne. Die **Terminologie des BGB** ist aber einheitlich.

b) Irrelevanztheorie

Nach überwiegender Ansicht soll es auf die Dauer der Trennung nicht ankommen, jedes **auch nur vorübergehende** Wegschaffen genüge.

Argumente:

- Weder im **Wortlaut** noch in der **Gesetzesbegründung** gibt es Anhaltspunkte für eine einschränkende Auslegung des Begriffs der Entfernung.
- Wenn nur eine dauerhafte Entfernung ausreichte, dann könnte die ratio von S. 2 Alt. 1 der Vorschrift, dem Vermieter im Rahmen der gewöhnlichen Lebensverhältnisse die ungehinderte Disposition über die gepfändeten Sachen zu ermöglichen, nicht erreicht werden. (Stichwort: ***Telos § 562a S. 2***).

Hinweis

Neben der **Dauer** der Entfernung ist auch ihr **Zweck** maßgeblich, zB wenn sie der Begründung neuer Rechte dient, vgl. OLG Frankfurt, ZMR 2006, 609. Vereinzelt hält man auch für relevant, ob die Sache in den **Machtbereich eines Dritten** gelangt.

34 Vermieterpfandrecht bei Raumsicherungsverträgen

P
§ 562
Rn 10

Sicherungseigentum und Vermieterpfandrecht können *kollidieren*, wenn etwa ein Warenlager mit wechselndem Bestand, das sich in einem gemieteten oder geleasten Gebäude befindet, in Gestalt einer **Raumsicherung** sicherungsübereignet wird. Anerkannt ist, dass eine Sicherungsübereignung der Waren *vor* Einbringung ins Lager dazu führt, dass der Vermieter kein Vermieterpfandrecht erwirbt, während eine Sicherungsübereignung *nach* Einbringung nichts mehr am entstandenen Vermieterpfandrecht ändern kann. Umstritten ist,

Streitstand ⇨ **was gilt, wenn Sicherungseigentum und Vermieterpfandrecht gleichzeitig im Zeitpunkt der Einbringung der Waren ins Lager entstehen.**

a) Gleichrangtheorie

Überwiegend wird vertreten, dass in diesem Fall Sicherungseigentum und Vermieterpfandrecht ***gleichrangig*** entstünden. Im Fall der Insolvenz des Mieters/Sicherungsgebers könnten Vermieter/Sicherungsnehmer abgesonderte Befriedigung im Verhältnis der gesicherten Forderungen verlangen.

Argument:

- Das Sicherungseigentum entspricht ***funktionell der Verpfändung*** und wird in der Insolvenz auch so behandelt, §§ 51 Nr. 1, 50 InsO. Gleichzeitig entstandene Pfandrechte haben aber grundsätzlich ***Gleichrang***, wie sich aus dem in **§ 879 I 2, HS 2 BGB** dargelegten Rechtsgedanken ergibt.

b) Theorie vom Vorrang des Vermieterpfandrechts

Die Rechtsprechung hält das ***Vermieterpfandrecht*** gegenüber dem gleichzeitig entstehenden Sicherungseigentum für ***vorrangig***.

Argumente:

- Die Ratio des Vermieterpfandrechts ist es, dem Vermieter eine ***bevorzugte Sicherung*** zu geben, rechtfertigt ein Abweichen vom Rangprinzip.
- Die gesicherten ***Kreditsummen übersteigen die Miete*** meist um ein Vielfaches. Bei gleichrangiger Berücksichtigung von Vermieterpfandrecht und Sicherungseigentum verbleibt für das Vermieterpfandrecht deshalb regelmäßig nur ein verhältnismäßig geringere Quote, so dass es wirtschaftlich ausgehöhlt werden würde. (Stichwort: ***wirtschaftliche Aushöhlung***)

Fundstelle: *Nicolai*, JZ 1996, 219.

35 Rechtsnatur von Computerprogrammen

P
§ 90
Rn 2

Eine **Sache** ist nach der für das gesamte BGB geltenden Legaldefinition in § 90 BGB jeder körperliche Gegenstand. Unter **Gegenständen** versteht man wiederum alles, was Objekt von Rechten sein kann. **Körperlichkeit** setzt abgegrenzte Materie voraus. Umstritten ist vor diesem Hintergrund

Streitstand ⇨ **die Rechtsnatur von Computerprogrammen, insbesondere deren Sacheigenschaft.**

a) Theorie vom immateriellen Gut

Die frühere Rspr und einige Stimmen der Literatur sehen in Software ein **immaterielles Gut**, zum Teil sogar durch Sondergesetze ungeschütztes „Know-how".

Argumente:

- Zwischen Software und Speichermedium ist zu differenzieren. Die Speicherung auf einem Datenträger dient lediglich dem Transport und der Aufbewahrung, die anders nicht denkbar wären. (Stichwort: ***untergeordnete Datenträgerfunktion***) Der **eigentliche Wert der Software** liegt aber in der konzipierten Problemlösung, nicht in dessen materialisierter Form, dem Datenträger. (Stichwort: ***Vorrang der geistigen Leistung***)
- Der Gesetzgeber selbst geht von der Unkörperlichkeit eines Computerprogramms aus, wenn er es in **§ 2 I Nr. 1 UrhG** mit Sprachwerken gleichstellt. Auch die **Gesetzesbegründung zu § 453 I Alt. 2 BGB** verdeutlicht, dass der Gesetzgeber Software nicht als Sache (i.S.v. § 433 I BGB) angesehen hat.

b) Sachtheorie

Nach überwiegender Literatur und Rspr ist Software als **Sache i.S.d. § 90 BGB** anzusehen, oft jedoch mit der Einschränkung dass sie verkörpert sein muss.

Argumente:

- Der Computer ist eine unfertige Maschine, auf die das Programm zur Steuerung von Abläufen innerhalb des Systems einwirkt. Diese **Einwirkung kann nur durch ein körperlich existierendes Steuerungsmittel geschehen**, weil Computer allein geistige, unkörperliche Inhalte nicht verarbeiten können.
- Die Fixierung auf einem Datenträger ist zur Funktion eines Programms notwendig und liegt daher im Wesen von Software. Der Datenträger erscheint hierbei als Werkzeug. (Stichwort: ***funktionsbedingte Verkörperung***)

- Gegen die Sacheigenschaft spricht nicht die Möglichkeit unkörperlicher Übertragung (zB Download). Denn beim Kopiervorgang ist der zwischen den Geräten fließende unkörperliche Strom nur notwendiger Zwischenschritt vor der Neufixierung der Kopie. (Stichwort: ***Übertragungsmodus irrelevant***)
- Auch Bücher sind das Ergebnis einer schöpferischen Geistestätigkeit und werden aus diesem Grund erworben. Ihre Sachqualität steht aber außer Frage. (Stichwort: ***Vergleich Buch / Software***)

Hinweise

- Vereinzelt wird auch vertreten, mit der Schuldrechtsmodernisierung sei ein **erweiterter Sachbegriff** Gesetz geworden. Computerprogramme seien danach sogar losgelöst von der Fixierung auf einem Datenträger als Sachen i.S.d. § 90 BGB anzusehen. Hiergegen sprechen freilich Wortlaut und Begründung des Gesetzes sowie § 453 I BGB, dessen Existenz gerade für das Kaufrecht deutlich macht, dass sich der dortige Sachbegriff an § 90 BGB anlehnt.
- Die hier referierte Diskussion ist typische Vorfrage für die vertragstypologische Einordnung von Softwareüberlassungsverträgen (vgl. auch **STREITSTAND Nr. 35**). Zwar ist für einen Kaufvertrag wegen der Erweiterung des § 453 I BGB keine Sache mehr erforderlich und auch Werkverträge sind nach § 631 II BGB für unkörperliche Erfolge denkbar. Eine § 453 I BGB vergleichbare Regelung fehlt aber für den Verbrauchsgüterkauf und auch für die werkvertragliche Verjährung (§ 634a I Nr. 1, 3 BGB) ist die Sacheigenschaft maßgeblich. Relevanz hat der Streit zudem für die Unterscheidung zwischen Miete (nur Miet*sachen*, § 535 I 1 BGB), Pacht (Pacht*gegenstand*, § 581 I 1 BGB) und § 651 S. 1 BGB (Lieferung herzustellender oder zu erzeugender beweglicher *Sachen*).

Fundstellen

MünchKomm/*Stresemann* (2012), § 90 Rn. 25; *Lenhard*, Vertragstypologie von Softwareüberlassungsverträgen (2006), 12 ff.

36 Vertragstypologische Einordnung von Verträgen über Individualsoftware

P Einf v § 631 Rn 22

Standardsoftware, zB das im Geschäft auf DVD gekaufte Computerspiel, unterfiel schon nach der früher ständigen Rspr dem Kaufrecht. Spätestens seit der Neufassung des § 453 I BGB ist dies allgemein anerkannt, und zwar unabhängig von ihrer noch immer umstrittenen Sacheigenschaft (vgl. **Streitstand Nr. 34**).
Für **individualisierte Software** werden ganz überwiegend die Regelungen zum Werkvertragsrecht als sachgerechter angesehen: U.a. sei bei angepasster Software eine **Abnahme** (§ 640 I 1 BGB) passender als eine bloße Übergabe der Sache und die **Erzielung eines vereinbarten Erfolgs** sachgerechter als ein einmaliger Leistungsaustausch. Das **Wahlrecht** zwischen verschiedenen Nacherfüllungsarten müsse dem *Unternehmer* zustehen (§ 635 BGB). Auch ein im Kaufrecht nicht vorgesehener Anspruch auf **Abschlagszahlung** (§ 632a BGB) sei sinnvoll. Umstritten ist jedoch, auf welchem Weg dies erreicht werden kann. Insbesondere im Hinblick auf § 651 BGB stellt sich daher die Frage,

Streitstand ⇨ **welchem Vertragstypus die Programmierung von *Individual*software zu unterstellen ist.**

a) Vereinbarungslösung

Vereinzelt geht man von der **Abdingbarkeit von § 651 BGB** aus.

Argument:

- Da dem Gesetz nichts Gegenteiliges zu entnehmen ist, müssen die Parteien das Regelungssystem privatautonom vereinbaren können, sofern keine zwingenden verbraucherschützenden Vorschriften verletzt werden.

b) gesetzestreue Kaufrechtslösung

Andere meinen, auf Verträge über Individualsoftware sei streng nach dem Gesetz **Kaufrecht anzuwenden**. § 651 BGB bedürfe insoweit **keiner Korrektur**.

Argumente:

- Im Rahmen der Schuldrechtsmodernisierung hat der Gesetzgeber die Grenzen zwischen Kauf- und Werkvertragsrecht neu überdacht und die differenzierte Regelung des § 651 BGB neu geschaffen. Den Besonderheiten von Softwareverträgen wird durch die Anwendbarkeit einiger werkvertraglicher Normen gemäß **§ 651 S. 3 BGB** ausreichend Rechnung getragen.
- Der Gesetzgeber wollte die bisherige Rspr (zur Standardsoftware) nicht ändern. Daher scheidet eine Wertungskorrektur aus. (Stichwort: ***keine Lücke***)

c) Teleologische Werkvertragslösung

Wiederum andere befürworten eine **teleologische Reduktion von § 651 BGB**.

Argumente:

- *Gegen die erste Auffassung* spricht, dass die Zuordnung zu den Vertragstypen des BGB nach dem materiellen Gehalt der Parteivereinbarungen erfolgt. Ansonsten könnte allein eine Änderung der Vertrags*überschrift* die Rechtsnatur ändern. (Stichwort: ***Vertragszuordnung objektiv***)
- Bei der Programmierung individueller Softwarelösungen liegt der **Schwerpunkt der geschuldeten Leistung** nicht in der Verkörperung, sondern in der geistigen Leistung zur Erreichung einer einsatzfähigen Individualsoftware.
- Da **Verbraucher praktisch nie** eigens die Erstellung von Individualsoftware in Auftrag geben, fallen solche Verträge nicht unter die Verbrauchsgüterrichtlinie und dürfen daher auch nicht die Verweisung des § 651 BGB auslösen.

Hinweise

- Der obige Streitstand ist nur zu diskutieren, sofern man die **Sacheigenschaft** von Software bejaht, weil § 651 BGB sonst bereits tatbestandlich ausscheidet. Folge wäre dann zwar die Anwendbarkeit von Werkvertragsrecht, jedoch mit der ungewünscht langen Verjährung des § 634a I Nr. 3 BGB.
- Etwas verschoben ist die Diskussion beim sog. „**Customising**", also bei der Lieferung von Standardsoftware mit anschließender Anpassung an die Bedürfnisse des Kunden. Ob diese Individualisierung lediglich *Nebenpflicht* oder *prägendes Element* des Vertrags ist, wird unterschiedlich gesehen. Eine Anwendung von § 651 I BGB scheitert beim Customising bereits an dessen Voraussetzungen, denn die **bloße Modifizierung bereits bestehender Software** ist etwas anderes als eine (Neu)Herstellung.
- Auf sog. „**ASP-Verträge**", die eine Onlinenutzung von Software für begrenzte Zeit zum Gegenstand haben, wendet die Rspr (BGH NJW 2007, 2394) konsequenterweise *Mietvertragsrecht* an. Für die dort geschuldete *Gebrauchsüberlassung* ist eine *Besitz*verschaffung nämlich nicht erforderlich.
- Nehmen Sie die hier referierte Auswahl als Anregung für eigene Überlegungen. Für **weitere Differenzierungen** in der Literatur vgl. *Schweinoch*, CR 2004, 326 (328-331). In der Klausur sollten Sie sich bei der Fülle der denkbaren Vertragsgestaltungen auf die Grundlagen jedes Vertragstyps besinnen. Auch Miet- oder Dienstverträge sind im Softwarebereich denkbar.

Fundstelle: *Bräutigam*, CR 2006, 361.

37 Begriff der „Abnahme" im Werkvertragsrecht

P
§ 640
Rn 3

Die **Abnahme** eines Werkes ist zentraler Begriff des Werkvertragsrechts. An sie sind zahlreiche Rechtsfolgen geknüpft, v.a. Fälligkeit (§ 641 I 1 BGB) und Verzinsung (§ 641 IV BGB) der Vergütung, Gefahrübergang (§ 644 I 1 BGB), Eingreifen der Mängelgewährleistungsrechte des § 634 BGB (vgl. dazu unten den Hinweis), Beginn der Verjährung (§ 634a II BGB) und Verlust der Mängelrechte bei Kenntnis des Mangels (§ 640 II BGB). Wichtig ist daher,

Streitstand ⇨ **was genau unter dem Begriff der „Abnahme" im Sinne des § 640 BGB zu verstehen ist.**

a) Theorie des Übergabe-Realakts

Teilweise wird vertreten, für eine Abnahme reiche die **tatsächliche Entgegennahme** des Werkes.

Argumente:

- Es ist von einer **Einheitlichkeit der Terminologie im BGB** auszugehen. In §§ 433 II und 448 I BGB gehört zum Begriff der Abnahme lediglich der Realakt der körperlichen Entgegennahme. Schon der **Gesetzgeber** ging von diesem Gleichlauf von Kauf- und Werkvertragsrecht aus. Eine abweichende Formulierung wurde zwar diskutiert, ist aber nicht Gesetz geworden.
- Bei Abhängigkeit der Abnahme von einer Erklärung des Bestellers könnte dieser über die Rechtsfolgen der Abnahme (zB Verjährungsbeginn) bis zur Grenze des § 242 BGB zum Nachteil des Unternehmers disponieren.

b) Theorie der Annahme als vertragsgemäße Erfüllung

Ganz überwiegend ist man der Ansicht, für eine Abnahme müsse **zusätzlich zu der körperlichen Entgegennahme** des Werks **eine rechtsgeschäftliche Erklärung** erfolgen, dass das Werk als im Wesentlichen vertragsgemäße Erfüllung angenommen werde. Folge dieser Erklärung sei dann eine Beweislastumkehr entsprechend § 363 BGB.

Argumente:

- In **§ 640 II BGB** ist eine solche Erklärung vorausgesetzt, andernfalls bedürfte es keiner Regelung zu dem dort genannten Vorbehalt.
- Die unterschiedlichen Anforderungen an eine Abnahme im Kaufrecht einerseits und im Werkvertragsrecht andererseits sind gerechtfertigt: Muss ein Gegenstand erst noch hergestellt werden, dann ist – anders als beim Verkauf

bereits fertiger Ware – eine Billigung nach Fertigstellung notwendig. (Stichwort: ***Unterschied Kauf-/Werkvertragsrecht ist interessengerecht***)

Hinweise

- Von einigen Vertretern der zweiten Auffassung wird statt einer Anerkennung als vertragsgemäße Leistung eine ***Billigungs*erklärung** gefordert. Der Unterschied besteht vor allem in der Möglichkeit zur Geltendmachung von Mängeln. Nach einer Billigung wäre dies nur bei einer Anfechtung der Billigungserklärung wegen Irrtums möglich.
- Wiederum andere vertreten vermittelnd eine **Differenzierung nach der Verkehrsüblichkeit**: Wenn eine Prüfung und Billigung des Werks durch den Besteller unüblich sei, genüge eine körperliche Entgegennahme (insoweit Meinung a), andernfalls sei eine Billigkeits-/Vertragsgemäßheitserklärung notwendig (insoweit Meinung b). *Dagegen* wird auf Rechtsunsicherheit stiftende Abgrenzungsschwierigkeiten verwiesen.
- Die oben referierten Auffassungen sind selbstverständlich unabhängig von den gesetzlichen Fällen einer **Entbehrlichkeit der Abnahme**, zB §§ 640 I 1 a.E. und 646 BGB.
- Anders als im Kaufrecht (§§ 434 I 1, 446 f. BGB) wurde im Werkvertragsrecht die Frage, ab welchem Zeitpunkt der Besteller die Gewährleistungsrechte des § 634 BGB hat, im Gesetz nicht explizit geregelt.
  - Einige nehmen eine **Vorwirkung** der §§ 634 ff. BGB für den Fall an, dass der Unternehmer das mangelhaft fertiggestellte Werk liefert und der Besteller die Abnahme verweigert. Denn hier müsse dem Besteller die Möglichkeit zur Fristsetzung und anschließender Selbstvornahme nach § 637 BGB zustehen.
  - Ganz überwiegend wird vertreten, auch in einer solchen Konstellation bleibe maßgeblicher Zeitpunkt – in Kongruenz zum Kaufrecht – der **Gefahrübergang** und damit regelmäßig die Abnahme, § 644 I BGB.
- Dass das Werk abgenommen wurde, kann sich auch aus schlüssigem Verhalten des Bestellers ergeben (vgl. etwa BGH MDR 2014, 458).

Fundstellen

MünchKomm/*Busche* (2012), § 640 Rn. 3 ff.; *Jakobs*, AcP 183 (1983), 145.

38 Übergang der Vergütungsgefahr im Werkvertragsrecht (allg. Sphärengedanke)

P
§ 645
Rn 8 f.

Umstritten ist,

Streitstand ⇨ **wann genau im Werkvertragsrecht die Vergütungsgefahr auf den Besteller übergeht.**

Bsp.: Das übergebene, aber noch nicht gebilligte/als vertragsgemäß anerkannte Werk geht infolge eines Brands in den Räumen des Bestellers unter.

a) strenge Gesetzeslösung

Bei **strenger Anwendung von §§ 644 I 1 BGB** müsste im Beispiel – mangels Abnahme – noch immer der Unternehmer die Vergütungsgefahr tragen.

Argument:

- Eine auf allgemeinen Billigkeitsaspekten fußende Risikoverteilung ist wegen der eindeutigen Entscheidung des Gesetzgebers für das differenzierte System der §§ 644 f. BGB unmöglich. (Stichwort: ***Keine Lücke***)

b) allgemeine Sphärentheorie

Einige wollen diese für den Unternehmer harten Konsequenzen durch einen **allgemeinen Sphärengedanke** in **Analogie zu § 645 BGB** vermeiden. Danach soll die Vergütungsgefahr schon dann auf den Besteller übergehen, wenn der Untergang des Werks auf Tatsachen beruht, die seiner Sphäre entstammen.

Argumente:

- Der Besteller ist „näher dran", er kann das Risiko höherer Gewalt in seiner Sphäre besser eindämmen und für den Notfall **einfacher versichern** als der Unternehmer.
- Dafür spricht auch, dass eine **flexible, anteilige Aufteilung interessengerechter** ist als der Alles-oder-Nichts-Grundsatz des § 644 I BGB.

Hinweise

- Der Aspekt unterschiedlicher Risikosphären wird auch im Kaufrecht diskutiert, vgl. oben **Streitstand Nr. 16**. Vgl. zudem die Hinweise zu § 326 II BGB in **BGB AT/Schuldrecht AT, Streitstand Nr. 63**.
- Die **Rspr** hat in Einzelfällen (vgl. BGHZ 40, 71 und BGHZ 60, 14) eine Analogie zu § 645 BGB bejaht, sich aber deutlich gegen eine Verallgemeinerung des Sphärengedankens ausgesprochen.

39 Rechtsfähigkeit einer Gesellschaft bürgerlichen Rechts (GbR)

P
§ 705
Rn 24

Rechtsfähigkeit meint die Fähigkeit, Träger von Rechten und Pflichten zu sein. Prozessuales Pendant ist die Parteifähigkeit, § 50 ZPO. Anerkannt ist, dass eine sog. **Innen-GbR**, die im Rechtsverkehr nicht in Erscheinung tritt (zB Ehegatteninnengesellschaft) **nicht rechtsfähig** ist. Umstritten ist jedoch,

Streitstand ⇨ **ob einer GbR in Form einer Außen-GbR Rechtsfähigkeit zuzusprechen ist.**

a) Individualistische Vermögenstheorie

Teilweise wird der GbR auch heute noch die **Rechtsfähigkeit abgesprochen**; Träger seien nur die **Gesellschafter in gesamthänderischer Verbundenheit**.

Argumente:

- In § 714 BGB ist ausdrücklich von der Vertretung der *„anderen Gesellschafter"* die Rede und § 718 I BGB spricht vom Vermögen *„der Gesellschafter"* (Stichwort: ***Wortlaut 714/718***)
- Hierfür spricht auch die Verweisung des § 54 S. 1 BGB für den explizit *nicht* rechtsfähigen Verein sowie der numerus clausus der Rechtssubjekte: Die Frage der rechtsfähigen Personen hat das BGB nämlich in §§ 1 ff. BGB abschließend geregelt. (Stichwort: ***Systematik: 1 ff. und 54 S. 1***)
- Auch der Regelung des § 124 HGB für die OHG – in Abgrenzung zur GbR – hätte es sonst nicht bedurft. (Stichwort: ***Existenz des § 124 HGB***)
- Schließlich verlangt **§ 736 ZPO**, anders als etwa § 124 II HGB oder § 161 II HGB ein *„gegen alle Gesellschafter* ergangenes Urteil".

b) Theorie der teilrechtsfähigen Gruppe

Nach ständiger Rspr (seit BGHZ 146, 341) und überwiegender Literatur soll zumindest die **Außen-GbR** eine ***teil*rechtsfähige Wirkungseinheit** sein, soweit sie durch Teilnahme am Rechtsverkehr eigene Rechte und Pflichten begründet.

Argumente:

- Der **Wortlaut** der §§ 705 ff. BGB ist zumindest **mehrdeutig**. Sowohl die Legaldefinition des § 718 I BGB als auch die §§ 716, 719 I, 720, 725, 730, 733 III, 738 BGB nennen das „*Gesellschafts*vermögen".
- Der moderne Gesetzgeber hat die Rechtsfähigkeit der GbR bei Schaffung der §§ 191 II Nr. 1; 202 I Nr. 1 UmwG und § 11 II InsO implizit anerkannt. Teilweise wird in diesem Zusammenhang auch die neu eingeführte Kategorie

der „rechtsfähigen Personengesellschaft“ (vgl. §§ 14 II, 1059a BGB) genannt. (Stichwort: ***vom Gesetzgeber bereits anerkannt***)

- Neben dieser gesetzestechnischen greift bei **§ 11 II InsO** noch eine materiellrechtliche Überlegung: **Insolvenzfähigkeit** setzt (drohende) Zahlungsunfähigkeit oder Überschuldung (§§ 17 ff. InsO) und damit jedenfalls die Eigenschaft voraus, Träger von Rechten und Pflichten zu sein.
- **Sinn und Zweck des § 736 ZPO** ist es lediglich, das Gesellschaftsvermögen vor Gläubigern eines Gesellschafters zu schützen. Für die hier maßgebliche Frage kann sein Wortlaut daher nicht herangezogen werden.
- Nur auf diese Weise lässt sich erklären, dass seit der HGB-Reform 1998 ein Wechsel der GbR zur gemäß § 124 I HGB rechtsfähigen OHG durch den bloßen Umfang des Geschäfts möglich ist, vgl. §§ 105 I, 1 II HGB. Die Rechtsfähigkeit darf aber nicht allein vom Umfang des Geschäfts abhängen. (Stichwort: ***Gleitender Maßstab zwischen GbR und OHG***)
- Verneint man die Rechtsfähigkeit, dann hätte ein **Wechsel im Mitgliederbestand** stets Einfluss auf den Fortbestand der mit der Gesellschaft bestehenden Rechtsverhältnisse. Dies wäre eine erhebliche Beeinträchtigung der Handlungsfähigkeit der GbR. (Stichwort: ***praktisches Bedürfnis***)

Hinweise

- Auch nach der zweiten Auffassung ist eine GbR **keine juristische Person.**
- Beachten Sie die Formulierung des BGH: Die GbR kann „im Rechtsverkehr grundsätzlich, d.h. *soweit nicht spezielle Gesichtspunkte entgegenstehen*, jede Rechtsposition einnehmen“. Folgefragen sind daher etwa die Fähigkeit einer Außen-GbR, **Kommanditistin** einer Kommanditgesellschaft (BGHZ 148, 291) oder **Erbin** zu sein sowie ob eine Außen-GbR **im Grundbuch eingetragen** sein kann (vgl. unten **STREITSTAND Nr. 41**).
- Seit BGHZ 163, 154 erkennt die Rspr auch die **Wohnungseigentümergesellschaft** als rechtsfähig an. Dies steht seit 2007 auch in § 10 VI WEG.

Fundstellen

MünchKomm/*Ulmer/Schäfer* (2013), § 705 Rn. 303 ff.; *K. Schmidt*, NJW 2001, 993.

40 Rechtsfähigkeit einer Erbengemeinschaft

P Einf v § 2032 Rn 1

Das BGB kennt drei Gesamthandsgemeinschaften: Neben GbR (§§ 705 ff. BGB) und ehelicher Gütergemeinschaft (§§ 1415 ff. BGB) die Erbengemeinschaft (§§ 2032 ff. BGB). Umstritten ist, ob die neue Rspr zur Rechtsfähigkeit der Außen-GbR (vgl. **STREITSTAND Nr. 38**) auf diese zu übertragen ist, also

Streitstand ⇨ **ob auch einer Erbengemeinschaft (Teil)Rechtsfähigkeit zuzusprechen ist.**

a) Theorie der Teilrechtsfähigkeit

Zum Teil wird auch die Erbengemeinschaft als **teilrechtsfähig** anerkannt.

Argumente:

- An den §§ 2038 ff. BGB wird deutlich, dass eine Erbengemeinschaft sehr wohl rechtsgeschäftlich am Rechtsleben teilnehmen kann, zB bei Fortführung eines Handelsgeschäfts. (Stichwort: ***Dauerhaftigkeit denkbar***)
- Eine Erbengemeinschaft kann jederzeit formwechselnd in eine GbR umgewandelt werden. Dies kann sogar konkludent geschehen, etwa durch den Entschluss, die Erbengemeinschaft vorerst nicht aufzulösen. (Stichwort: ***stillschweigende Umwandlung in GbR denkbar***)
- Ohne Rechtsfähigkeit wäre die Erbengemeinschaft **in ihrer Handlungsfähigkeit beeinträchtigt**. Jeder Wechsel im Mitgliederbestand hätte Einfluss auf bestehende Rechtsverhältnisse.

b) Theorie der gesamthänderischen Personenmehrheit

Überwiegend, auch von der Rspr wird vertreten, die Erbengemeinschaft sei **nicht eigenständig rechtsfähig**, sondern nur eine gesamthänderisch verbundene Personenmehrheit, der der Nachlass als Sondervermögen zugeordnet ist.

Argumente:

- Eine Erbengemeinschaft ist weder zur dauerhaften Teilnahme am Rechtsverkehr bestimmt noch geeignet, sondern auf **Auseinandersetzung** gerichtet. (Stichwort: ***keine werbende Gesellschaft***)
- Anders als die (mittlerweile rechtsfähige) WEG hat die Erbengemeinschaft in der Regel **keine eigenen Organe**, durch die sie im Rechtsverkehr handeln könnte. Sie ist vielmehr äußerst **schwerfällig organisiert**, vgl. zB die Gesamtgeschäftsführung und -vertretung, §§ 2038 I, 2040 I BGB. (Stichwort: ***Abgrenzung zur WEG***)

- Auch aus der Anerkennung der Teilrechtsfähigkeit der GbR folgt nichts für die Erbengemeinschaft. Zwar sind beide *Gesamthands*gesellschaften, die Erbengemeinschaft entsteht aber **nicht rechtsgeschäftlich, sondern gesetzlich**. Sie weist auch regemäßig kein Identitätsmerkmal (Name, Sitz) auf und die **beschränkte Erbenhaftung** ist mit den Haftungsprinzipien einer Personengesellschaft nicht verträglich. (Stichwort: ***Abgrenzung zur GbR***)

Hinweis

Umstritten sind auch die Auswirkungen der neuen Rspr auf die dritte Gesamthandsgesellschaft des BGB, die **eheliche Gütergemeinschaft**:

- *Für* eine Rechtsfähigkeit soll wiederum der Vergleich zur GbR und die Abgrenzung von der Erbengemeinschaft sprechen: Die Gütergemeinschaft wird nach § 1415 BGB durch Ehevertrag, d.h. **rechtsgeschäftlich** begründet. Im Gegensatz zur Erbengemeinschaft ist sie auch bis zu ihrer Beendigung **nicht auf Auseinandersetzung gerichtet** und enthält **Elemente einer Handlungsorganisation**, wie etwa die ausführlichen Regelungen zur Verwaltung, §§ 1421 ff. BGB. (Stichwort: ***Vergleich mit GbR / Abgrenzung zur Erbengemeinschaft***). Ferner ist die Gütergemeinschaft auf Stabilität angelegt (§§ 1447, 1469 BGB) und Beteiligungen an ihr unübertragbar (§ 1419 BGB).
- Die Rspr verweist *dagegen* darauf, dass die eheliche Gemeinschaft weder dazu bestimmt noch geeignet sei, nach außen als geschlossene Einheit aufzutreten. Denn an der **präzisen Regelung der Haftungsordnung** im Außenverhältnis (§§ 1437 ff., 1459 ff. BGB) wird deutlich, dass die Gemeinschaft selbst nicht Haftungs*subjekt*, sondern lediglich das Gesamtgut Haftungs*objekt* sein soll. (Stichwort: ***bloße Vermögensgemeinschaft***) Als sich das Problem der Rechtsfähigkeit an der (damit zusammenhängenden) Frage, ob eine Gütergemeinschaft Kommanditistin einer KG sein kann, stellte, wies die Rspr zudem darauf, dass die **typischerweise stark personenrechtlich geprägte Mitgliedschaft** in einer Personenhandelsgesellschaft auf eine primär vermögensrechtlich orientierte Gütergemeinschaft nicht passe. Die Praxis kenne sogar Gesellschafter ohne Kapitalanteil, hier trete das vermögensrechtliche Element völlig hinter das personenrechtliche zurück.

Fundstelle

BGH NJW 2006, 3715.

41 Eintragungsfähigkeit einer Gesellschaft bürgerlichen Rechts ins Grundbuch

P
§ 705
Rn 24a

Als Eigentümer oder sonst dinglich Berechtigte können im Grundbuch natürliche und juristische Personen eingetragen werden. Auch OHG (§ 124 HGB) und KG (§ 161 II HGB) sind unter ihrer Firma eintragungsfähig. Eine GbR wurde hingegen vor der Rspr zur Teilrechtsfähigkeit der Außen-GbR nicht selbst eingetragen, sondern deren Mitglieder in ihrer gesamthänderischen Verbundenheit nach § 47 GBO. Nach der Anerkennung der Rechtsfähigkeit der GbR wurde darüber gestritten,

Streitstand ⇨ **ob (und wie) eine GbR als Eigentümerin im Grundbuch eingetragen werden kann.**

a) Theorie von der Eintragung der Gesellschafter

Teilweise wurde die Eintragungsfähigkeit weiter **verneint**; es seien vielmehr sämtliche Gesellschafter zur gesamten Hand im Grundbuch einzutragen.

Argument:

- Nach § 15 III GBV (a.F.) war die Eintragung *der Gesellschafter* als Rechtsträger vorgeschrieben. Eine Eintragung der GbR widerspricht denn auch dem **Nachweis- und Verkehrsschutzprinzip** des Grundbuchrechts: Mangels GbR-Registers fehlt es an der Publizität der Gesellschafter. Auch widerspricht es dem grundbuchrechtlichen **Bestimmtheitsgrundsatz**, wenn mehrere Gesellschaften im Rechtsverkehr dieselbe Bezeichnung führen können. (Stichwort: ***fehlende Publizität der GbR***)

b) Theorie von der Eintragungsfähigkeit der GbR

Heute **bejahen** Rspr (BGH NJW 2009, 594) und ganz überwiegende Ansicht in der Literatur die Eintragungsfähigkeit einer GbR im Grundbuch.

Argumente:

- Die Außen-GbR ist ***rechtsfähig*** und daher auch Eigentümerin der zum Gesellschaftsvermögen gehörenden Grundstücke. Die Eintragung nach § 47 GBO ist deshalb als Eintragung der GbR als Rechtsträger zu verstehen. (Stichwort: ***GbR als Rechtsträgerin***)
- § 15 III GBV (a.F.) beruhte wie §§ 718 BGB und 736 ZPO auf dem ***klassischen, durch die*** Anerkennung der Teilrechtsfähigkeit ***überholten Verständnis der nichtrechtsfähigen GbR***. Die heutige Fassung des § 15 Abs. 1 lit. c) GBV setzt die Grundbuchfähigkeit der GbR voraus.
- Es wäre auch wertungswidersprüchlich, die Rechtsträgerschaft der GbR für bewegliches und unbewegliches Vermögen wegen der Formulierung der al-

ten Vorschriften unterschiedlich zu behandeln. (Stichwort: ***keine Unterscheidung bewegliches/unbewegliches Vermögen der GbR***)

Hinweise

- Die Grundbuchfähigkeit der GbR ist mittlerweile im formellen Grundbuchrecht verankert worden, vgl. die Neufassung des § 47 Abs. 2 GBO mit Wirkung vom 18.8.2009 (BGBl. I, S. 2713).
- Bejaht man grundsätzlich Grundbuchfähigkeit der GbR, stellt sich als Folgefrage, ob die Gesellschaftereigenschaft dem Grundbuchamt gegenüber in der Form der §§ 29, 20 GBO nachzuweisen ist:
  - Zeitweise wurde – namentlich in der obergerichtlichen Rspr – angenommen, dass eine **bereits existierende GbR kein Grundeigentum erwerben** könne, sondern dass vielmehr eine GbR in der notariellen Kaufvertrags-/Auflassungsurkunde (neu) gegründet werden müsse.
  - Dagegen lässt es der BGH (NJW 2011, 1958) genügen, dass die für die GbR Handelnden im Rahmen der notariellen Kaufvertrags-/Auflassungsurkunde erklären, dass sie die alleinigen Gesellschafterder benannten GbR sind. Hierfür spricht die ratio von § 47 Abs. 2 GBO, die gerade in einer Nachweiserleichterung für die Eintragung von Grundeigentum einer GbR liegt. Weil es nämlich auf den Namen der GbR zu Identifizierungszwecken nicht mehr ankommt, bedarf es auch keines auf die Gesellschaft bezogenen Nachweises. (Stichwort: ***Mediatisierung der GbR durch ihre Gesellschafter***)
- Ebenfalls mit Wirkung zum 18.8.2009 wurde **§ 899a BGB** geschaffen. Danach begründet die Eintragung einer GbR im Grundbuch einen Gutglaubensschutz auch in Bezug auf den Gesellschafterbestand „in Ansehung des eingetragenen Rechts". § 899a BGB enthält demnach sowohl die (positive) Vermutung, dass die im Grundbuch für die GbR eingetragenen Personen Gesellschafter sind, als auch die (negative) Vermutung, dass keine weiteren Gesellschafter vorhanden sind. Umstritten ist, ob § 899a BGB auch die **Verfügungsbefugnis** (dies bejahend OLG München ZIP 2011, 467 (468)) und **Vertretungsmacht der Gesellschafter** (vgl. dazu umfassend *Wilhelm*, NZG 2011, 801 (806 f.) betrifft.

Fundstellen:

MünchKomm/*Ulmer/Schäfer* (2013), § 705 Rn. 312 ff.; *Wilhelm*, NZG 2011, 801 ff.

42 Haftungsverfassung einer Gesellschaft bürgerlichen Rechts

P
§ 714
Rn 11

Besteht eine Forderung gegen eine OHG, dann ist ein Zugriff auf das Vermögen der einzelnen Gesellschafter zB durch § 128 HGB möglich. Über § 161 II HGB gilt diese Norm auch für die KG. Umstritten ist,

Streitstand ⇨ **ob auch GbR-Gesellschafter für die Schulden der Gesellschaft (analog § 128 HGB) haften.**

a) Doppelverpflichtungslösung

Die frühere Rspr und ein Teil der heutigen Literatur gehen davon aus, der handelnde Gesellschafter trete bei Verträgen nicht nur **im eigenen Namen**, sondern zugleich **im Namen der Mitgesellschafter,** §§ 164, 714 BGB, (**und der GbR**) auf. Daher hafteten die Gesellschafter als Gesamtschuldner, §§ 427, 421 HGB.

Argument:

- Angesichts der bewussten Entscheidung des Gesetzgebers gegen eine mit § 128 HGB vergleichbare Vorschrift im Recht der GbR **fehlt** es an der für eine Analogie erforderlichen **planwidrigen Unvollständigkeit** des Gesetzes.

b) Akzessorietätslösung

Überwiegend wird heute argumentiert, *aus dem Wesen der Gesamthand* und aus einer *Analogie zu § 128 HGB* folge, dass die Gesellschafter einer GbR für die Schulden der Gesellschaft **akzessorisch hafteten**.

Argumente:

- Ohne eine umfassende Haftung wäre die **Rechtssubjektivität der GbR unvollkommen**. Die Konstruktion einer Doppelverpflichtung funktioniert jedoch nur bei Willenserklärungen, **nicht bei gesetzlichen Verpflichtungen**, wie zB durch Delikt entstandenen Verbindlichkeiten. Zudem ist sie **pure Fiktion**.
- *Die Gegenansicht muss sich auch die Überlegung entgegenhalten*, dass ein Formwechsel zwischen GbR und OHG allein durch unterschiedlichen Umfang der Geschäfte möglich ist, vgl. **§§ 105 I, 1 II HGB**. Hiervon die Haftungsfrage bei deliktischen Ansprüchen gegen die Gesellschaft abhängig zu machen, ist **willkürlich** und schafft **Rechtsunsicherheit**.
- Die Doppelverpflichtungslösung kann eine Haftung für vorher begründete Verbindlichkeiten nicht erklären und führt daher zu **unzureichendem Gläubigerschutz**, zB bei einer Auswechslung der Gesellschafter ohne Benachrichtigung der Gläubiger möglich, da kein „GbR-Register“ existiert.

Hinweise

- Der hier referierte Streistand wurde seit Jahrzehnten unterschiedlich gelöst. Neben anderen Differenzierungen wurde zB vertreten, es sei zwischen unternehmenstragenden (sog. „**Mitunternehmer-BGB-Gesellschaften**“, nur dann § 128 HGB analog) und sonstigen („**schlicht zivilistischen**“) Gesellschaften zu unterscheiden.
- Die analoge Anwendung gesellschaftsrechtlicher Normen bezieht sich nicht nur auf haftungs*begründende*, sondern zB auch auf haftungs*zuweisende* Vorschriften wie zB § 31 BGB. Für OHG und KG ist eine analoge Anwendung der Norm seit langem anerkannt. Mit der Anerkennung der *Teilrechtsfähigkeit* der GbR (vgl. **STREITSTAND Nr. 38**) und der damit verbundenen *körperschaftlichen Struktur* (Handeln durch einem Organ vergleichbare Personen) wird heute überwiegend vertreten, die Norm sei auch auf die GbR analog anzuwenden.
- Folge der analogen Anwendung von § 128 HGB ist eine **akzessorische** (= Abhängigkeit von Entstehung, Fortbestand und Durchsetzbarkeit der *Gesellschafts*verbindlichkeit), **primäre** (= nicht gegenüber einer Inanspruchnahme der *Gesellschaft* subsidiäre), **unmittelbare** (= Haftung direkt gegenüber den Gläubigern im Unterschied zu einer lediglich *internen Nachschusspflicht* gegenüber der Gesellschaft) und in Höhe und Haftungsmasse **unbeschränkte** Haftung der GbR-Gesellschafter.

Fundstellen

MünchKomm/*Schmidt* (2011), § 128 HGB Rn. 4; *Ulmer*, ZIP 2003, 1113.

43 Haftung eines neuen GbR-Gesellschafters für Altschulden (§ 130 HGB analog)

P
§ 736
Rn 6

Umstritten ist, ob zudem § 130 HGB analog auf die GbR anzuwenden ist, also

Streitstand ⇨ **ob in eine GbR eintretende Gesellschafter auch für die vor ihrem Eintritt begründeten Schulden der Gesellschaft gem. § 130 HGB analog haften.**

a) gesellschafterfreundliche Lösung

Zum Teil man auch heute noch, eine **analoge Anwendung sei nicht geboten**.

Argument:

- Eine Rechtsfortbildung von diesem Ausmaß muss dem Gesetzgeber vorbehalten bleiben, zumal die ratio legis von § 130 HGB noch immer ungeklärt ist.

b) gläubigerfreundliche Lösung

Die Rspr (BGHZ 154, 370) und die überwiegende Literatur **bejahen** ein solches **Einstehenmüssen für Altverbindlichkeiten**. Z.T. wird bei freiberuflichen Haftungsfällen eine Ausnahme gemacht, vgl. §§ 8 II PartGG, 51a II BRAO.

Argumente:

- Mit seinem Eintritt erwirbt der neue Gesellschafter durch die Mitberechtigung an den Aktiva auch die Vorteile des bisherigen Wirtschaftens der Gesellschaft. (Stichwort: ***Äquivalenz von Vor- und Nachteilen***)
- Ein systematischer Vergleich mit §§ 173 HGB, 8 I PartGG und Art. 26 II EWIV-VO lässt auf ein **allgemeines Prinzip** der Personengesellschaften schließen. Die persönliche Haftung aller Gesellschafter gehört nämlich als Gegenstück zur kapitalgesellschaftlichen Kapitalerhaltung zum **Wesen der Personengesellschaften** und entspricht „einer im Verkehrsschutzinteresse zu Ende gedachten Akzessorietät der Haftung" (BGH NJW 2003, 1803).
- Im typischen Fall eines bestehenden Dauerschuldverhältnisses und häufigem Gesellschafterwechsel wären die **Gläubiger sonst ernsthaft gefährdet**. Gerechter erscheint hier § 130 HGB, der bereits das Ergebnis einer Abwägung der Gläubigerinteressen mit denen des Eintretenden ist.
- Eine Nichtanwendung von § 130 HGB hätte zur Folge, dass Gesellschaftsgläubiger das Beitrittsdatum des neuen Gläubigers beweisen müssten, hierzu aber selten in der Lage wären (Stichwort: ***probatio diabolica***) Zudem entstünden **Abgrenzungsschwierigkeiten** zwischen Alt- und Neuverschuldung.

44 Besitzverhältnisse in einer Gesellschaft bürgerlichen Rechts

P
§ 854
Rn 12

Juristische Personen haben unmittelbaren Besitz, den ihre Organe für sie *ausüben.* (Stichwort: ***Organbesitz***) Dabei wird die tatsächliche Sachherrschaft des Organwalters der juristischen Person zugerechnet, der Organwalter selbst ist also weder Besitzer noch Besitzdiener. Obwohl die Außen-GbR keine juristische Person, sondern nur teilrechtsfähig ist (vgl. **STREITSTAND Nr. 38**), ist umstritten,

Streitstand ⇨ **wie die Besitzverhältnisse in einer Gesellschaft bürgerlichen Rechts einzuordnen sind.**

a) Lehre vom Mitbesitz der Gesellschafter

Auch nach Anerkennung der Teilrechtsfähigkeit der Außen-GbR durch den BGH wird teilweise daran festgehalten, dass der Besitz an beweglichen Sachen, die einer BGB-Gesellschaft zur Benutzung überlassen sind, allen Gesellschaftern als unmittelbaren ***Mitbesitzern gemeinschaftlich*** zukomme. Es bestehe ***kein Organbesitz für die Gesellschaft***.

Argument:

- Gesamthänderischer Mitbesitz ist Konsequenz der Tatsache, dass Personengesellschaften ***nicht körperschaftlich organisiert*** sind.

b) Besitz der Gesamthand

Überwiegend wird vertreten, die Außengesellschaft könne ***selbst Besitzerin*** sein. Dabei üben die geschäftsführungsbefugten Gesamthänder im Rahmen ihres Geschäftsführungsbereichs Besitz für die Gesellschaft aus.

Argumente:

- Wären die Gesamthänder Mitbesitzer, könnte *jeder einzelne* seinen Mitbesitz selbständig *durchsetzen* oder aufgeben. Jedoch ist der Besitz bei einer Gesamthand ***gemeinschaftlicher Art*** im Rahmen einer einheitlichen Wirkungseinheit. (Stichwort: ***sinnvolle Ordnung der Besitzverhältnisse***)
- So wie die Außen-GbR Trägerin des Gesellschaftsvermögens sein kann, kann sie auch Besitzerin sein. (Stichwort: ***Teilrechtsfähigkeit***)
- Es besteht kein Unterschied zwischen ***Handlungsorganen der juristischen Person*** und geschäftsführungsbefugten Gesamthändern. Beide üben den Besitz für die Gesellschaft aus. (Stichwort: ***Vergleich mit jur. Person***)

Hinweis

Bei OHG und KG ist Organbesitz anerkannt, arg. e §§ 124, 161 II HGB.

45 Sittenwidrigkeit von Angehörigenbürgschaften

P
§ 138
Rn 37 ff.

Die Nichtigkeit einer Bürgschaft nach § 138 II BGB ist nicht denkbar, weil diese Vorschrift nur für Austauschgeschäfte gilt, die Bürgschaft aber ein einseitiges Verpflichtungsgeschäft ist. Umstritten ist aber,

Streitstand ⇨ **ob (und wenn ja unter welchen Voraussetzungen) eine Bürgschaft infolge Sittenwidrigkeit gemäß § 138 I BGB nichtig sein kann.**

Bsp.: Zur Sicherheit für das durch die Bank gewährte Darlehen verbürgt sich die vermögens- und einkommenslose Tochter des Hauptschuldners.

a) Lösung über culpa in contrahendo

Zum Teil wird in der Literatur vertreten, der Bürge werde über die Grundsätze der culpa in contrahendo ausreichend geschützt.

Argumente:

- Ein Anspruch aus §§ 280 I, 311 II, 241 II BGB ist in der Rechtsfolge flexibler (Mitverschulden möglich!). Auch ist es sachgerechter, dem Bürgen die **Wahl** zu lassen, das Geschäft trotz finanzieller Überforderung gelten zu lassen. **Dadurch verwirklicht sich gerade seine Privatautonomie**.
- Eine verallgemeinernde, auf typische Erwägungen abstellende Lösung (so Meinung c) hilft nicht weiter, vielmehr muss es auf die **tatsächliche Willensbeeinflussung** im Zeitpunkt des Vertragsschlusses ankommen.

b) Restschuldbefreiungstheorie

Zum Teil wird seit 1.1.1999 eine sachgerechte Lösung in den Vorschriften über die Restschuldbefreiung, §§ 286 ff. InsO, gesehen.

Argumente:

- Schuldnerschutz vor finanzieller Belastung ist primäre **Aufgabe des Zwangsvollstreckungs- und Insolvenzrechts**. Mit der neuerdings auch bei Verbraucherinsolvenz möglichen Restschuldbefreiung droht dem Bürgen keine lebenslange Überschuldung mehr. Für **fehlende Schutzwürdigkeit** spricht auch die Anhebung der Pfändungsfreigrenzen in den letzten Jahren.
- **Gewinnt der Bürge** zwischen Vertragsschluss und Eintritt des Haftungsfalls **an Vermögen**, kann und soll er – dem Sinn und Zweck der Bürgschaft entsprechend – für die Verbindlichkeit des Hauptschuldners einstehen. Alles andere führte zur **Untauglichkeit der Bürgschaft als Sicherungsmittel**.

c) Sittenwidrigkeitstheorie

Nach ständiger Rspr und überwiegender Auffassung in der Literatur wird bei einer den angehörigen Bürgen **krass finanziell überfordernden** Bürgschaft ***widerleglich vermutet***, dass dieser sie **aus emotionaler Verbundenheit** zum Hauptschuldner übernommen und die Gläubiger dies sittenwidrig ausgenutzt hat.

Argumente:

- An der Bürgschaft eines krass finanziell überforderten Bürgen kann der **Gläubiger kein schützenswertes Interesse** haben.
- Ist der Bürge Abkömmling des Hauptschuldners, so verstößt letzterer gegen die **Beistands- und Rücksichtspflicht des § 1618a BGB**. Wenn der Bank die maßgeblichen Umstände bekannt (oder infolge bewussten Verschließens unbekannt) sind, muss sie sich diesen Verstoß zurechnen lassen.
- Die Restschuldbefreiung soll aus sozialen Gründen einen wirtschaftlichen Neuanfang ermöglichen. Davon unabhängig ist aber der Makel der Sittenwidrigkeit im Zeitpunkt des Vertragsschlusses. Ein Vorrang der §§ 286 ff. InsO scheidet daher aus. (Stichwort: ***unterschiedliche Zielrichtungen***)

Hinweis

Die o.g. **Vermutung kann der Gläubiger widerlegen**, indem er zB seine fehlende Kenntnis der die Sittenwidrigkeit begründenden Umstände oder ein Eigeninteresse des Bürgen an dem verbürgten Darlehen (zB wegen unmittelbarer Vorteile infolge rechtlicher Beteiligung an dem finanzierten Objekt) darlegt. Auch ein bei Vertragsschluss konkret erwarteter Vermögenszuwachs beim Bürgen soll ausreichen. Ob es auch genügt, dass Zweck der Bürgschaftseinholung die Verhinderung von Vermögensverschiebungen war, ist umstritten:

- Vereinzelt lässt man es bereits genügen, dass dieser Zweck **Vertragsgrundlage** geworden sei, eine Korrektur sei dann über § 313 BGB möglich.
- Teilweise ist man der Ansicht, ein solcher Zweck allein sei **nicht geeignet**, die Vermutung zu widerlegen. Ein ausreichender Schutz des Gläubigers werde bereits über § 826 BGB und die Anfechtungstatbestände der §§ 129 ff. InsO und des AnfG erreicht.
- Die heute ständige Rspr vermittelt: Danach soll der genannte Einwand grundsätzlich genügen, um eine Ausnahme von der Sittenwidrigkeit zu begründen; der Zweck müsse aber **ausdrücklich im Vertrag genannt** sein.

Fundstellen

MünchKomm/*Habersack* (2013), § 765 Rn. 23 ff.; *Schnabl*, WM 2006, 706.

46 Sittenwidrigkeit von Arbeitnehmerbürgschaften

P
§ 138
Rn 37 ff.

In Ergänzung zu **Streitstand Nr. 45** ist umstritten,

Streitstand ⇨ **ob die Grundsätze über die Sittenwidrigkeit von *Angehörigen*bürgschaften auf Bürgschaften eines *Arbeitnehmers* zu übertragen sind.**

a) liberale Ablehnungstheorie

Zum Teil wird diese Ausweitung mangels Vergleichbarkeit **abgelehnt**.

Argumente:

- Entscheidendes Kriterium für die Sittenwidrigkeit von *Angehörigen*bürgschaften ist eine krasse finanzielle Überforderung des Bürgen (vgl. **Streitstand Nr. 45**). Bei der hierzu nötigen Prognoseentscheidung ist zu berücksichtigen, dass Arbeitnehmer typischerweise auf die Lohnzahlung des Arbeitgebers und damit auf dessen Liquidität wirtschaftlich angewiesen sind. Leistungsvermögen von AG und AN sind demnach untrennbar verbunden. Das Kriterium der Überforderung verliert dadurch an einschränkender Kontur. (Stichwort: ***Aufweichung der finanziellen Überforderung***) Stattdessen muss es beim Grundsatz bleiben, dass jeder sich so hoch verpflichten kann, wie er möchte.
- Aus diesem Kriterium auch noch eine emotionale Verbundenheit zu folgern, wäre geradezu widersprüchlich. Denn Arbeitsverhältnisse sind nicht von Emotionen, sondern häufig von gegensätzlichen Interessen der Arbeitsvertragsparteien geprägt. (Stichwort: ***keine Vergleichbarkeit***)
- Bei Gewinnbeteiligung oder Gesellschafterstatus des Arbeitnehmers ist zudem an ein die Vermutung widerlegendes **eigenes wirtschaftliches Interesse** (vgl. Hinweis des vorherigen Streitstands) zu denken.

b) ausgeweitete Sittenwidrigkeitstheorie

V.a. die **Rspr** (BGHZ 156, 302-310) **weitet ihre Grundsätze** auf Bürgschaften von Arbeitnehmern zur Sicherung von Darlehen des Arbeitgebers **aus**. Auch hier müsse eine **Sittenwidrigkeit** begründende Zwangslage vermutet werden.

Argumente:

- Ein Arbeitnehmer handelt zwar regelmäßig nicht aus emotionaler Verbundenheit zu seinem Arbeitgeber. Erfolgt die Bürgschaftsübernahme aber aus **Angst um den Arbeitsplatz** und den Verlust des Einkommens, so liegt – zumindest in Zeiten hoher Arbeitslosigkeit – eine verwandte **Beeinträchtigung der freien Willensentschließung** vor, die eine Vermutung rechtfertigt.

- Eine solche **Verlagerung des wirtschaftlichen Unternehmensrisikos** auf den Arbeitnehmer ist mit dem geltenden Arbeitsrecht nicht zu vereinbaren. Der Arbeitnehmer soll nämlich vom Risiko der Marktschwankungen befreit sein (vgl. zB § 1 II KSchG, die Betriebsrisikolehre oder die Rspr zur Sittenwidrigkeit von Arbeitnehmer-Verlustbeteiligungen, BAG NJW 1991, 860).

Hinweise

- Eine **krasse finanzielle Überforderung** soll nach der Rspr v.a. dann vorliegen, wenn der Bürge *„aus dem pfändbaren Teil seines Einkommens und Vermögens voraussichtlich* (Prognose!) *nicht einmal die von den Parteien des Darlehensvertrages festgelegte Zinslast dauerhaft tragen kann."*

- Unabhängig von den hier referierten Streitständen kann einer Bürgschaft **auch ohne krasse finanzielle Überforderung sittenwidrig** sein. Maßgeblich ist dann eine **Gesamtbetrachtung**: Der Bürge muss gravierende Umstände vortragen, wie zB das Verharmlosen oder Verschleiern der Tragweite der Bürgschaft („reine Formalität") oder Ausnutzen der geschäftlichen Unerfahrenheit oder einer seelischen Zwangslage.

- Der von der Rspr einbezogene **Personenkreis** ist recht groß: Neben den hier genannten Arbeitnehmern gehören dazu Ehepartner, nichteheliche Lebensgefährten und Abkömmlinge. Geschwister und Cousins sind auch umfasst, bei Ihnen muss der Bürge jedoch mangels Vermutung die vergleichbare Zwangslage darlegen.

- Ausgangspunkt für diesen und den vorherigen Streitstand war BVerfGE 98, 214, wonach bei *strukturell ungleicher Verhandlungsstärke* das Grundrecht aus Art. 2 I GG verletzt sein kann.

- Die Instanzgerichte neigen bei beiden vorherigen Streitständen zur Beibehaltung der genannten BGH-Grundsätze, **obwohl** nunmehr die **Möglichkeit zur Restschuldbefreiung** besteht, zB OLG Celle (ZIP 2005, 1911 und MDR 2006, 1243), Dresden (NJ 2006, 564) und Frankfurt a.M. (NJW 2004, 2392). Der BGH hat dies bislang ausdrücklich offen gelassen (BGHZ 156, 302-310).

- Beachten Sie bitte generell für Bürgschaftsfälle: Obwohl die Leistungsfähigkeit einer Person sowohl verkehrswesentliche Eigenschaft i.S.v. **§ 119 II BGB** als auch Vertragsgrundlage i.S.v. **§ 313 BGB** sein kann, werden diese beiden Korrekturmöglichkeiten nur auf von der Leistungsfähigkeit verschiedene Umstände angewendet. Denn für das Risiko einer schlechten Vermögenslage des Hauptschuldners will der Bürge ja gerade einstehen. (Stichwort: ***Ausschluss infolge Risikoerwägungen***)

Geschäftsführung ohne Auftrag

Die Vorschriften über die Geschäftsführung ohne Auftrag (GoA) verfolgen zwei konträren Ziele: *Einerseits* soll das Institut der GoA **zu selbstlosem, fremdnützigen Handeln ermutigen und Zivilcourage fördern**. *Andererseits* soll jeder Herr seiner Rechtssphäre bleiben und die **unerwünschte Einmischung in die Angelegenheiten jedes Einzelnen so gering wie möglich** bleiben.

Die Systematik der §§ 677 ff. BGB erscheint bei erster Lektüre nicht zuletzt wegen der missverständlichen Bezeichnungen und der **zahlreichen subjektiven und normativen Momente** kompliziert. Wichtige Linien sind:

1. Das Vorliegen eines *Fremdgeschäftsführungswillens* (im Folgenden: **FGW**, vgl. die Wendung „für einen anderen" in § 677 BGB) dient zur Abgrenzung von „echter" GoA (§§ 677 ff. BGB) zu „unechter" GoA (§ 687 BGB).

2. Im Rahmen der echten GoA grenzt wiederum der *Wille des Geschäftsherrn* (§ 683 BGB) die „berechtigte" von der „unberechtigten" GoA ab.

3. Für die Frage, welche Aufwendungen der Geschäftsherr zu ersetzen hat, kommt es – zB für einen Anspruch aus §§ 677, 683 S. 1, 670 BGB – darauf an, welche Aufwendungen der Geschäftsführer (im Folgenden: **GF**) *„nach den Umständen für erforderlich halten darf"* (vgl. § 670 BGB).

4. Bei der sog. „unechten" GoA liegt dagegen gerade keine GoA vor. Hier ist zu unterscheiden, ob das *Bewusstsein, für einen anderen tätig zu werden*, fehlt (dann „irrtümliche"/"vermeintliche" GoA, § 687 I BGB), oder ob jemand in Kenntnis dieser Fremdheit der Tätigkeit handelt, obwohl er *weiß, hierzu nicht berechtigt zu sein* (sog. „angemaßte Eigengeschäftsführung", § 687 II BGB).

Zur Examensvorbereitung im Bereich der GoA können Sie in folgendem Dreischritt vorgehen: Lesen Sie zunächst sorgfältig das Gesetz (§§ 677 ff. und 662 ff. BGB). Arbeiten Sie sodann die instruktiven Fälle von *Martinek/Theobald* in JuS 1997, 612 ff., 805 ff., 992 ff. und JuS 1998, 27 ff. durch. Schließen Sie mit den folgenden Streitständen:

Seite

47 Anwendbarkeit der GoA-Normen bei Leistung auf einen nichtigen Vertrag

P
§ 677
Rn 7 ff.

Umstritten ist,

Streitstand ⇨ **ob die §§ 677 ff. BGB auch Anwendung finden, wenn der Geschäftsführer aufgrund eines nichtigen Vertrags tätig wurde.**

a) Theorie des Bereicherungsrechts

In der Literatur spricht man sich **gegen** eine Lösung über die GoA-Regeln aus.

Argumente:

- Andernfalls würden die Sonderregeln des Bereicherungsrechts, v.a. §§ 814 f., 817 S. 2 und 818 f. BGB umgangen. Dadurch würde der auf einen nichtigen Vertrag leistende GF ohne hinreichenden Grund bevorzugt, weil zB der vermeintliche Vertragspartner anders als bei § 818 III BGB keine Einrede der Entreicherung hätte. (Stichwort: ***Umgehung der spezielleren §§ 812 ff.***)
- Auch handelt der Geschäftsführer bei Leistung auf einen nichtigen Vertrag nur im eigenen Interesse. (Stichwort: ***kein Fremdgeschäftsführungswille***)

b) Theorie der Geschäftsführung ohne Auftrag

Die Rspr versteht die **GoA-Regeln weit** und wendet die Normen auch bei Leistung aufgrund eines nichtigen Vertrags an.

Argumente:

- Da eine **berechtigte GoA einen Rechtsgrund** darstellt, können die §§ 812 ff. BGB eine Anwendbarkeit der §§ 677 ff. BGB nicht sperren.
- Ein Geschäftsführer, der aufgrund eines nichtigen Vertrags aktiv wird, darf nicht schlechter stehen als jemand, der ohne jegliche Vereinbarung für einen anderen handelt. (Stichwort: ***Vergleich mit Handeln ohne Vertrag***)

Hinweis

Die Rspr lässt einschränkende Tendenzen erkennen, bereits in der **Erbensucher-Entscheidung** (BGH NJW 2000, 72), aber auch zur Erbringung von **Schönheitsreparaturen** bei unwirksamen Renovierungsklauseln (NJW 2009, 2590).

Fundstellen:

BeckOGK/*Lobinger* (2015), § 677 Rn. 23 ff.; *Schnabl*, WM 2006, 706.

48 Anwendbarkeit der GoA-Normen bei Selbstaufopferung im Straßenverkehr

P
§ 677
Rn 11

Umstritten ist,

Streitstand ⇨ **ob die GoA-Regeln auch bei Fällen der Selbstschädigung zur Schadensabwendung anderer im Straßenverkehr Anwendung finden.**

Bsp.: Autofahrer A fährt ein Ausweichmanöver, um den ihm entgegen kommenden Radfahrer R nicht zu verletzen. Dabei wird sein Fahrzeug beschädigt und er verlangt von R für die Reparaturkosten Aufwendungsersatz.

a) Geschäftsführungstheorie

Vereinzelte Stimmen erklären §§ 677 ff. BGB für unbeschränkt **anwendbar**.

Argument:

- Auch bei Eingreifen des speziellen StVG gilt der **Grundsatz der freien Anspruchskonkurrenz**. Für eine etwaige Nichtanwendung der §§ 677 ff. BGB hätte es daher einer gesetzgeberischen Klarstellung bedurft.

b) Theorie der vorrangigen Risikoverteilung

Überwiegend wird in Literatur und Rspr eine **Anwendung** der §§ 677 ff. BGB **nur dann** bejaht, **wenn** der Anspruchsteller (im Beispiel der Autofahrer) den **Entlastungsbeweis nach §§ 7 II bzw. 17 III StVG** führen könne.

Argument:

- Hätten für den Anspruchsteller weder höhere Gewalt (§ 7 II StVG) noch ein unabwendbares Ereignis (§ 17 III StVG) vorgelegen, dann hätte er ohne Ausweichmanöver für den dann entstandenen Fremdschaden einstehen müssen. Er muss daher erst recht seinen Eigenschaden tragen, der zur Vermeidung dieses Fremdschadens entstand (Stichwort: ***Eigenschaden a fortiori***). Andernfalls würde die zwingende gesetzlich im StVG vorgesehene Risikoverteilung unterlaufen. (Stichwort: ***gesetzliche Risikoverteilung***) Zudem bestünde andernfalls **auch bei Misslingen der Rettungshandlung** ein Aufwendungsersatzanspruch.

Hinweis

Beachten Sie, dass insbesondere die Rspr bei der Höhe eines Ersatzanspruchs – trotz gelungenen Entlastungsbeweises – die Mitverursachung des Schadens anspruchsmindernd berücksichtigt. (Stichwort: ***Betriebsgefahr***)

49 Einfluss der Geschäftsfähigkeit des Geschäftsführers auf die GoA

P
§ 677
Rn 2

- Ist der Geschäfts*herr* nicht oder nur beschränkt geschäftsfähig, so hat dies keinen Einfluss auf die Entstehung eines gesetzlichen Schuldverhältnisses nach GoA-Regeln. Da dann der Wille des gesetzlichen Vertreters maßgeblich ist, kann sogar eine berechtigte GoA vorliegen. Umstritten ist dagegen,

Streitstand ⇨ **ob bei beschränkter oder fehlender Geschäftsfähigkeit des Geschäfts*führers* überhaupt ein Schuldverhältnis nach §§ 677 ff. BGB entsteht.**

Bsp.: Der Jugendliche J löscht das Haus des Nachbarn N, obwohl seine Eltern hiermit nicht einverstanden sind. Entsteht ein GoA-Verhältnis?

a) Theorie der rechtsgeschäftsähnlichen GoA

Vereinzelt wird in diesem Fall ein gesetzliches **Schuldverhältnis abgelehnt**.

Argument:

- Die Geschäftsführung ohne Auftrag ist als **rechtsgeschäftsähnliche Handlung** zu qualifizieren. (Stichwort: ***§§ 104 ff. BGB analog***) Bei fehlender Zustimmung und Genehmigung der gesetzlichen Vertreter kann daher regelmäßig kein gesetzliches Schuldverhältnis entstehen.

b) Irrelevanztheorie

Der überwiegende Teil der Literatur ist dagegen der Ansicht, dass **Geschäftsunfähigkeit und beschränkte Geschäftsfähigkeit des Geschäftsführers keinen Einfluss** auf das gesetzliche Schuldverhältnis des GoA hätten.

Argumente:

- Mit der in § 682 BGB vorgesehenen Haftungsbeschränkung für nicht (vollständig) Geschäftsfähige hat der Gesetzgeber zu erkennen gegeben, dass er die GoA-Vorschriften angewendet sehen möchte. (Stichwort: ***682***)
- Ansonsten wäre ein nicht oder **beschränkt Geschäftsfähiger** gegenüber Geschäftsfähigen **schlechter gestellt**, weil seine Geschäftsführung stets unberechtigt wäre und er daher nie nach § 683 BGB Ersatz verlangen könnte.
- Andernfalls müsste auch stets eine – zum Teil schwierige – **Abgrenzung zwischen rechtsgeschäftlichen und tatsächlichen Handlungen** erfolgen, weil jedenfalls für Letztere die §§ 104 ff. BGB nicht entsprechend anzuwenden sind.

50 Haftungsprivilegierung nach § 680 BGB bei nur scheinbar bestehender Gefahr

P
§ 680
Rn 2

Wird der Geschäftsführer **zur Abwehr dringender Gefahren** vom Geschäftsherrn tätig, haftet er nur für Vorsatz und grobe Fahrlässigkeit. Umstritten ist,

Streitstand ⇨ **ob die Haftungsprivilegierung des § 680 BGB auch eingreift, wenn der Geschäftsführer eine dringende Gefahr nur irrtümlich annahm.**

a) objektive Theorie der tatsächlichen Gefahr

Ein Teil der Rspr und der Literatur erklären **§ 680 BGB nur** für anwendbar, **wenn** eine **Gefahr tatsächlich besteht**.

Argumente:

- Nach Sinn und Zweck der Norm kann eine Haftungsprivilegierung nur greifen, wenn der Geschäftsführer durch seine Rettungshandlung tatsächlich noch größere Schäden abwendet (Stichwort: ***überholende Kausalität***)
- Bei fehlender Gefahr bieten deliktische Ansprüche in Verbindung mit psychisch vermittelter Kausalität dem Geschäftsführer ausreichend Schutz.
- Die Gegenauffassung bringt **praktische Schwierigkeiten** mit sich. Konsequenz wäre nämlich eine ausschweifende Berufung auf § 680 BGB. (Stichwort: ***Gefahr von Schutzbehauptungen***)

b) subjektive Theorie der Scheingefahr

Anderer Auffassung nach **genügt** für § 680 BGB **das vermeintliche Bestehen einer Gefahr** (Stichwort: ***Scheingefahr***). Zum Teil wird gefordert, der GF müsse die Gefahr *„ohne grobe Fahrlässigkeit"* bzw. *„unverschuldet"* angenommen haben. Andere differenzieren zwischen *berechtigter* (nur dann § 680 BGB) und *unberechtigter* GoA. (vgl. *Martinek/Theobald*, JuS 1997, 612, 618).

Argumente:

- Bereits nach dem **Wortlaut** („bezweckt") reicht subjektive Finalität aus.
- Gerade in Notfallsituationen sind – auch im öffentlichen Interesse – **schnelle Entschlüsse zu selbstlosem Handeln erforderlich**. Hierbei können Irrtümer leicht passieren; im Interesse der **Förderung von Zivilcourage** darf die Haftungsprivilegierung dabei nicht zu eng verstanden werden.

Fundstelle

Staudinger/*Bergmann* (2006), § 680 Rn. 12 f.

51 Vermutung des Fremdgeschäftsführungswillens bei auch-fremden Geschäften

P
§ 677
Rn 6

Ein Geschäft wird als „**fremd**" angesehen, wenn es objektiv zum Pflichten- und Interessenkreis eines anderen gehört. Rechtlich problematisch sind Handlungen des Geschäftsführers, die nicht nur einen fremden, sondern auch seinen eigenen Rechtskreis betreffen (Stichwort: ***auch-fremdes Geschäft***). Umstritten ist dabei,

Streitstand ⇨ **ob auch bei einem *auch-fremden Geschäft* auf einen FGW geschlossen werden kann.**

a) Vermutungslösung

Insbesondere nach der ständigen Rspr des BGH wird der **Fremdgeschäftsführungswille** nicht nur bei einem objektiv fremden Geschäft, sondern selbst bei einem auch-fremden Geschäft **widerleglich vermutet**.

Argumente:

- Mit Handlungen, die *auch* einen fremden Rechtskreis betreffen, verrichtet der Geschäftsführer *zum Teil* ein fremdes Geschäft.
- Damit die §§ 677 ff. BGB ausreichend ihren **Sinn und Zweck**, zu fremdnützigem Verhalten zu ermutigen, erfüllen, **müssen Beweisschwierigkeiten überwunden werden** können.

b) einzelfallbezogene Feststellungstheorie

In der Literatur wird verlangt, dass der FGW durch konkrete, äußerlich erkennbare Anhaltspunkte in Erscheinung trete und **im Einzelfall bewiesen** werde.

Argument:

- Die Gegenauffassung weitet den Anwendungsbereich der GoA zu sehr aus und das auf der Grundlage einer bloßen **Fiktion**. Auch wäre dann nicht mehr ausschließlich altruistisches Handeln für eine GoA kennzeichnend.

Hinweis

Ein Teil der Literatur lehnt bereits begrifflich die Annahme eines auch-fremden Geschäfts ab, wenn der Geschäftsführer mit der Handlung gleichzeitig eine **vertragliche Verpflichtung gegenüber einem Dritten** erfüllen will, weil dieses Ziel dann regelmäßig im Vordergrund stehe und ein Konflikt mit der vertraglichen Verpflichtung entstehen könne. Für die Rspr ist diese Nuance jedoch unbeachtlich.

Fundstellen: *Thole*, NJW 2010, 1243; *Falk*, JuS 2003, 833, 834 ff.

52 Dienstleistungen als Aufwendungen im Sinne von §§ 683 S. 1, 670 BGB

P
§ 683
Rn 8

Nach § 670 BGB erhält ein Beauftragter grundsätzlich nur „Aufwendungen", d.h. *freiwillige Vermögensopfer*, ersetzt. Umstritten ist, ob

Streitstand ⇨ **ob unter den Begriff der Aufwendung auch die *Tätigkeit* des Geschäftsführers als solche fällt.**

a) enge Theorie der berufsmäßigen Aufwendungen

Häufig wird vertreten, ein Anspruch auf Vergütung einer Dienstleistung komme **nur bei Berufsträgern** in Betracht.

Argument:

- Das **Auftragsrecht**, auf das die GoA-Vorschriften verweisen, ist **grundsätzlich unentgeltlich ausgestaltet**. Eine Ausnahme hiervon ist entsprechend § 1835 III BGB nur für solche Tätigkeit denkbar, die zum Gewerbe oder Beruf des Geschäftsführers gehören. Denn nur dann hat das Tätigwerden einer Person einen Vermögenswert. (Stichwort: ***1835 III analog)***

b) weite Theorie der erwarteten Vergütung

Ein anderer Teil von Rspr und Literatur ist der Meinung, ein **Anspruch auf Vergütung** bestehe schon dann, *wenn nach den Einzelfallumständen die Übernahme der Geschäftsführung nur gegen Entgelt zu erwarten war.*

Argument:

- Für eine Einschränkung auf spezifische Berufsträger enthält das Gesetz keinen Anhaltspunkt. Vielmehr ist bei jedem Geschäftsführer die Tätigkeit für einen anderen ein freiwilliges Vermögensopfer und damit „Aufwendung".

Hinweis

Eine zweite Erweiterung betrifft Schäden, d.h. *un*freiwillige Vermögensopfer. Diese sind nach überwiegender Ansicht von einem Aufwendungsersatzanspruch erfasst, sofern sich in ihnen das typische Risiko der übernommenen Tätigkeit realisiert. (Stichwort: ***§§ 677, 683 S. 1, 670 BGB analog***). Grundlage dieser Erweiterung ist der Gedanke, dass der Geschäftsführer das mit der Geschäftsführung eng verbundene, **typische Schadensrisiko freiwillig übernommen** hat, vgl. auch **§ 110 HGB.**

Fundstelle: *Kraayvanger*, MDR 2007, 566.

Recht der ungerechtfertigten Bereicherung

Bei den §§ 812 ff. BGB steht die Abschöpfung von ungerechtfertigten Vermögensvorteilen des Bereicherungsschuldners im Vordergrund. Dabei ist streng zu trennen: **Leistungskondiktionen** (vgl. §§ 812 I 1 Alt. 1, I 2 Alt. 1, I 2 Alt. 2, 813 I 1 und 817 S. 1 BGB) stellen ein Störkorrektiv des Rechts der Güterbewegungen dar, Nichtleistungskondiktionen (vgl. §§ 812 I 1 Alt. 2, 816 I 1, I 2, II, 822 BGB) dienen hingegen – je nach Eigenart – als **Eingriffskondiktion** der aufopferungsähnlichen Ergänzung des Deliktsrechts (Stichwort: ***Güterschutz***) oder in Form der **Aufwendungskondiktion** als Ergänzung der irrtümlichen Eigengeschäftsführung (vgl. 684 S. 1 BGB).

Versuchen Sie auch im Bereicherungsrecht, große Linien zu sehen: Beispielsweise hat der Gesetzgeber die Versionsklage (Stichwort: ***actio de in rem verso utilis***), also eine Klagemöglichkeit mit der bloßen Begründung, dass der Kläger einen Vermögensverlust erlitten und der Beklagte einen korrespondierenden -zuwachs erhalten habe, abgelehnt. Diese Wertung tritt heute nicht nur bei einem zentralen Grundsatz des Bereicherungsrechts, dem **Vorrang der Leistungsbeziehung vor Nichtleistungsbeziehungen**, zu Tage. Sie liegt auch der Frage, wer im Rahmen von § 994 BGB als „Verwender" anzusehen ist und der Dogmatik des auch-fremden Geschäfts zugrunde.

Das Recht der ungerechtfertigten Bereicherung gehört bei vielen Studenten zu den ungeliebten Rechtsgebieten: Dies liegt wohl an der Kombination aus äußerst **spärlicher Normierung** mit komplizierter und höchst **umstrittener Dogmatik**, aber auch an den komplizierten **bereicherungsrechtlichen Dreiecksverhältnissen**. Ich habe hier von einer Behandlung dieses letzten Komplexes bewusst abgesehen. Denn eine Darstellung in Streitständen ist nicht nur schwierig und mit dem Werk von *Gursky*, 20 Probleme aus dem BGB – Bereicherungsrecht (2004) bereits vorhanden. Auch stimme ich mit *Lorenz* (JuS 2003, 729 und 839, lesenswert!) nicht darin überein, dass dieser Bereich besonders tauglich für Examensklausuren sei. Im Folgenden beschränke ich mich daher auf einige klassische, examensrelevante Kernstreitstände:

Seite

53 Begriff des „Erlangten", v.a. bei nichtigen Gebrauchsüberlassungsverträgen

P
§ 812
Rn 12

Umstritten ist,

Streitstand ⇨ **worin bei rechtsgrundlos erhaltenen oder genutzten Dienstleistungen oder Sachen das „erlangte Etwas" zu sehen ist.**

Bsp.: A nutzt aufgrund eines nichtigen Gebrauchsüberlassungsvertrags rechtsgrundlos die Luxusyacht des B samt Service der Crew.

a) Theorie der *vermögensrechtlichen* Betrachtung

Nach einer Ansicht sollen die *Auswirkungen des bereichernden Vorgangs im Vermögen des Bereicherten* maßgeblich sein. Dazu sei ein **Vergleich der Vermögenslagen vor und nach der Vermögensverschiebungen** durchzuführen (Stichwort: ***Differenzhypothese***).

Argumente:

- Eine Bereicherung des Empfängers kann logisch nur bei einer echten Vermögensmehrung angenommen werden. Dazu genügt jede Ersparnis anderweitiger Ausgaben.
- Die Gegenmeinung überzeugt nicht, weil die **Nutzung einer Sache** als rein tatsächlicher Vorgang **kein Vermögensgut** sein kann. Maßgeblich sind dafür vielmehr die *Auswirkungen* auf das Vermögen.

b) Theorie der *gegenständlichen* Betrachtung

Nach überwiegender Auffassung soll es auf den **konkreten Gegenstand** ankommen, der Objekt der Vermögensverschiebung war, erlangt sei also zB der Besitz daran.

Argumente:

- Die Vermögensmehrung ist **bloßer Reflex** des zuvor tatsächlich Erlangten.
- Mit der Gegenauffassung auf das Gesamtvermögen des Bereicherten abzustellen, ist anhand der Systematik des Gesetzes schwer nachzuvollziehen. Denn nach dem **Wortlaut von § 812 I 1 BGB** ist das „*erlangte Etwas*" der primäre Inhalt des Bereicherungsanspruchs. Der Begriff der „*Bereicherung*" wird systematisch erst später, nämlich in § 818 III BGB eingeführt.

Hinweise

- Wiederum andere sehen das Erlangte in der *abstrakten Nutzungsmöglichkeit* der Sache. Dagegen spricht jedoch der **Wortlaut von § 818 I, II BGB**, wonach jedenfalls bei Gutgläubigkeit nur bzgl. tatsächlich gezogener Nutzungen Herausgabe oder Wertersatz zu leisten ist. Auch lässt sich im **Umkehrschluss aus § 537 BGB** lesen, dass für die Einbeziehung einer abstrakten Nutzungsmöglichkeit ein bestehender Vertrag notwendig sein soll.
- Als **Variante der ersten Meinung** wird schließlich vertreten, dass eine ausgleichungspflichtige Ersparnis bereits dann vorliege, wenn der Empfänger für den Gebrauch des Empfangenen üblicherweise Geld hätte aufwenden müssen. Denn sich auf eine sonst nicht getätigte Luxusaufwendung zu berufen grenze an widersprüchliches Verhalten. (Stichwort: ***Normativierung der Ersparnis***) *Gegen* diese Lösung wird hingegen angeführt, dass man mit ihr zu einer fiktiven Ersparnis mit der Folge käme, dass der Bereicherungsschuldner nach Durchführung des Kondiktionsausgleichs ggf. schlechter stünde als vorher. (Stichwort: ***widerspräche Abschöpfungsgedanken***)

Fundstelle

MünchKomm/*Schwab* (2013), § 812 Rn. 20.

54 Anwendung von § 812 I 2 Fall 2 BGB bei gegenseitigen Verträgen

P
§ 812
Rn 34

§ 812 I 2 Fall 2 BGB erfasst den Fall, dass der „mit einer Leistung nach dem Inhalt des Rechtsgeschäft bezweckte Erfolg nicht eintritt". (Stichwort: ***condictio causa data causa non secuta***) Anerkannt ist jedenfalls, dass der Bereicherungsanspruch erst dann entsteht, wenn *endgültig* außer Zweifel ist, dass der Erfolg nicht eintreten wird. Ist der Erfolg eingetreten, entfällt er dann jedoch wieder, besteht grundsätzlich kein Anspruch, es sei denn die Parteien hatten die Vorstellung, dass der Erfolg dauernd vorhanden sein sollte.
Umstritten ist, wie diese Kondiktionsart im Verhältnis zur Leistungskondiktion (§ 812 I 1 Alt. 1 BGB) und zu den Grundsätzen über den Wegfall der Geschäftsgrundlage (§ 313 BGB) einzuordnen ist, insbesondere

Streitstand ⇨ **ob § 812 I 2 Fall 2 BGB auch bei gegenseitigen Verträgen anwendbar ist, bei denen die Vertragsparteien neben dem Leistungsaustausch einen weiteren Zweck erstreben.**

a) Theorie des Wegfalls der Geschäftsgrundlage

Eine starke Literaturauffassung ist der Ansicht, Zwecke, die zusätzlich zum Leistungsaustausch als solchem vereinbart werden, seien **im Rahmen des Bereicherungsrechts unbeachtlich**. Anzuwenden seien hier vielmehr die §§ 158 ff. BGB – falls die Zweckverfehlung von den Parteien zur (auflösenden) **Bedingung** erhoben worden sei – und im Übrigen die Vorschriften über den **Rücktritt** (§§ 323 ff., 346 ff. BGB) bzw. die Grundsätze des **Wegfalls der Geschäftsgrundlage** (§ 313 BGB).

Argumente:

- Sofern (auch) zum Zwecke des Leistungsaustausches geleistet wird und jedenfalls dieser Zweck erreicht wird, **besteht ein Behaltensgrund**.
- Wenn die Parteien selbst gerade *nicht* wollten, dass die Verfehlung eines zusätzlichen Zwecks zur Erschütterung des Kausalverhältnisses führen soll, ist nicht ersichtlich, warum einer Partei einseitig geholfen werden sollte. Die privatautonome Entscheidung gegen eine Bedingung muss das Gesetz respektieren. (Stichwort: ***Parteien wollten gerade keine Bedingung***)
- Neben den Möglichkeiten der (konkludenten) Vereinbarung einer Bedingung oder eines vertraglichen Rücktrittsrechts sowie den flexiblen Möglichkeiten des § 313 BGB (Anspruch auf Vertragsanpassung statt strenger Rückabwicklung) besteht kein Bedarf für ein weiteres gesetzliches Regelungsregime.

- Auch nach dieser Ansicht verbleibt § 812 I 2 Fall 2 BGB ein Anwendungsbereich, zB bei Vereinbarung des Behaltendürfens bei Erbringung einer Gegenleistung, die aber *nicht geschuldet* sein soll. (Stichwort: ***datio ob rem***)
- Die Norm ist zudem angelehnt an die römische „**condictio ob rem datorum**“, die bei Leistungen aufgrund vertraglicher Verpflichtung nicht eingriff.

b) Theorie der condictio ob rem

Ein anderer Teil der Literatur und Rspr ist der Ansicht, eine **besondere Rechtsgrundabrede sei auch neben dem Zweck des Leistungsaustausches möglich**; bei Verfehlung dieses Zwecks könne die Leistung nach § 812 I 2 Fall 2 BGB – ohne Vorrang anderer Rechtsinstitute – zurückgefordert werden.

Argumente:

- Die Freiheit der privatautonomen Entscheidung umfasst auch die Möglichkeit der Vertragsparteien, einem vereinbarten Zweck eine geringere Qualität als die einer *Bedingung* (dann §§ 158 ff. BGB), aber eine höhere als die eines bloßen *Motivs* oder einer einseitigen *Erwartung* (dann jeweils § 313 BGB) zuzuweisen. (Stichwort: ***Privatautonomie***)
- Begrifflich kann dann von **Geschäfts*inhalt* statt** von **Geschäfts*grundlage*** die Rede sein. § 812 I 2 Fall 2 BGB zieht insoweit – wie das Bereicherungsrecht allgemein – nur die logische Konsequenz aus dem Scheitern einer solchen Vereinbarung.
- § 313 BGB ist auf individuelle Entscheidungen im Einzelfall zugeschnitten und bietet daher für die Verallgemeinerung zur übergreifenden Rechtsfrage nicht die notwendige Verlässlichkeit. (Stichwort: ***Rechtssicherheit***)

Hinweis

Der BGH folgt im Grundsatz der zweiten Auffassung, betont aber die Wichtigkeit des **Vorrangs von vertraglichen Ansprüchen vor gesetzlichen**. Daraus folge, dass Ansprüche aus einem nach § 313 BGB angepassten Vertrag der condictio ob rem stets vorgingen.

Fundstelle

Reuter/Martinek, Ungerechtfertigte Bereicherung (1983), S. 155 ff.

55 Zeitpunkt für die Ermittlung des Ersatzwerts nach § 818 II BGB

P
§ 818
Rn 20

Gemäß § 818 II BGB hat der Bereicherungsschuldner bei Unmöglichkeit einer Herausgabe des Erlangten in Natur Wertersatz zu leisten (Stichwort: ***sekundäre Wertersatzpflicht***). Der danach zu zahlende Wertersatz richtet sich nach ganz überwiegender Ansicht nach dem **objektiven Verkehrswert des Erlangten**, wobei der Verkehrswert *demjenigen Betrag* entspricht, *den ein Dritter am Markt für das in Rede stehende Rechtsgut zu zahlen bereit wäre.* Da fast alle Güter Wertschwankungen unterliegen, kann es auf die umstrittene Frage ankommen,

Streitstand ⇨ **auf welchen Zeitpunkt es für die Wertermittlung gemäß § 818 II BGB genau ankommt.**

Bsp.: A übereignet dem B rechtsgrundlos eine chinesische Vase im Wert von 4000 Euro, die dieser zu einem Zeitpunkt, als diese bereits 8000 Euro wert ist, an C weiterveräußert. Als A den B dann auf Herausgabe verklagt, liegt der Vasenwert bereits bei 9.000 Euro.

a) Anspruchsentstehungstheorie

Überwiegend, auch von der früher ständigen Rspr, wird vertreten, es komme maßgeblich auf den Zeitpunkt an, in dem der **Kondiktionsanspruch entstehe**. Dies sei in der Regel der Zeitpunkt des rechtsgrundlosen Erwerbs bzw. bei anderen Kondiktionsarten entsprechend der spätere Wegfall des Rechtsgrundes (§ 812 I 2 Alt. 1 BGB) bzw. der Zeitpunkt, in dem deutlich wird, dass der bezweckte Erfolg nicht eintritt (§ 812 I 2 Alt. 2 BGB).

Argumente:

- Nach der Anspruchsentstehung erzielte Wertsteigerungen sind allenfalls „mit", aber nicht „aus" dem Vermögen des Bereicherungsgläubigers erlangt. Sie können auf die Höhe des Kondiktionsanspruchs keinen Einfluss haben.
- Auch muss bereits mit Entstehen des Anspruchs zu ermitteln sein, in welcher Höhe Ersatz zu leisten ist. (Stichwort: ***Bestimmtheit & Rechtssicherheit***)
- Der von der Gegenauffassung für maßgeblich erkannte Zeitpunkt wird dem Gläubiger nur selten bekannt sein, müsste aber von diesem vor Gericht bewiesen werden. (Stichwort: ***probatio diabolica***)

b) Theorie des Umwandlungszeitpunkts

Eine andere Literaturauffassung, die durch neuere Rspr des BGH gestützt wird, meint, entscheidend sei der Zeitpunkt, in dem sich die primäre Herausgabepflicht **in eine Wertersatzpflicht gemäß § 818 II BGB umwandle**.

Argumente:

- Bis zu diesem Zeitpunkt ist der Bereicherungsschuldner zur Herausgabe des erlangten Gegenstandes in Natur verpflichtet, sodass dem Bereicherungsgläubiger einerseits eine mögliche Wert*steigerung* zugute kommen muss und er andererseits das Risiko des Wert*verfalls* zu tragen hat. (Stichwort: ***ausgeglichenes Risiko***)
- Sofern der Bereicherungsschuldner die Wertsteigerung durch eigene Leistungen herbeigeführt hat, kann er diese dem Bereicherungsanspruch als Aufwendungen entgegenhalten, § 818 III BGB. (Stichwort: ***Entreicherung durch Aufwendungen***) Darüber hinaus ist aber kein Grund dafür ersichtlich, warum er allein wegen des Eintritts der Unmöglichkeit der Herausgabe in Natur zusätzlich von der Verpflichtung zur Herausgabe der eingetretenen Wertsteigerung befreit werden sollte. Denn der Gläubiger hat sich diese Wertsteigerung zu diesem Zeitpunkt bereits „verdient".
- Die erste Ansicht birgt eine **Missbrauchsgefahr**, weil der Bereicherungsschuldner bei erheblicher Wertsteigerung eines Gegenstands auf die Idee kommen könnte, die Unmöglichkeit der Herausgabe in Natur zu behaupten, um den (jetzt) besonders wertvollen Gegenstand zu behalten und stattdessen preiswerten Wertersatz zu zahlen.

Hinweise

- Vereinzelt wird ferner vertreten, man müsse auf noch spätere als den in der zweiten Ansicht genannten Zeitpunkt abstellen, nämlich auf **Rechtshängigkeit** oder sogar auf die **letzte mündliche Verhandlung** vor Gericht. *Dagegen* spricht freilich, dass sich solche Wertveränderungen, die erst nach dem Ausscheiden des Gegenstands aus dem Vermögensbestand des Bereicherungsschuldners eingetreten sind, auf dessen Vermögen gerade nicht mehr auswirken können.
- Da in den früher vom BGH entschiedenen Fällen (vgl. die erste Ansicht) der Zeitpunkt der Entstehung des Anspruchs jeweils mit dem Zeitpunkt des Eintritts der Wertersatzpflicht zusammenfiel, kann nicht von einer Kehrtwende, sondern lediglich von einer **Präzisierung der Rspr** gesprochen werden.

Fundstellen

MünchKomm/*Schwab*, § 818 Rn. 102 ff.; BGH NJW 2006, 2847.

56 Bereicherungsausgleich bei nichtigen gegenseitigen Verträgen

P
§ 818
Rn 46 ff.

Zu den klassischen Streitständen des Bereicherungsrechts gehört die Frage,

Streitstand ⇨ **nach welchen Grundsätzen ein Bereicherungsausgleich bei nichtigen gegenseitigen Verträgen zu erfolgen hat.**

a) klassische Zweikondiktionentheorie

Vor allem früher wurde vertreten, jeder Vertragspartner habe dann einen **selbstständigen Bereicherungsanspruch** unabhängig vom Schicksal des gegnerischen Anspruchs. Danach **trage jeder Vertragspartner das Risiko** eines Bereicherungswegfalls bei seinem Gegenüber.

Argumente:

- Sofern zusätzlich zu dem Vertrag zufällig auch eines der Erfüllungsgeschäfte nichtig ist, kann der zugehörige Gläubiger vindizieren, obwohl er selbst zur Rückgabe nicht imstande ist. In diesem Fall kann der Vindikationsschuldner jedoch durch Verbindung oder Verarbeitung über § 951 I BGB das Bereicherungsrecht zur Anwendung bringen. *Folgte man dann der Saldotheorie*, dann käme man zu dem befremdlichen Ergebnis, dass der Schuldner hierdurch das Risiko einer Entreicherung auf den Gläubiger abwälzen könnte.

- *Gegen die Saldotheorie* spricht auch, dass Leistung und Gegenleistung nur durch den gegenseitigen Vertrag rechtlich zusammenhängen. Stellt sich dessen Unwirksamkeit heraus, ist es gerade **nicht sachgerecht, die Fiktion einer Verknüpfung aufrechtzuerhalten**.

b) Saldotheorie

Überwiegend betrachtet man den **Begriff der „Bereicherung" wirtschaftlich**, nämlich als das Ergebnis eines Vergleichs aller mit der Vertragserfüllung verbundenen Vor- und Nachteile (Stichwort: ***differenztheoretischer Bereicherungsbegriff***). Infolgedessen sei nur für eine Partei ein Überschuss zu errechnen, sodass im Ergebnis nur ein Anspruch bestehe.

Argumente:

- Die §§ 812 ff. BGB sind auf die Durchführung eines einheitlichen Bereicherungsausgleichs gerichtet. Das ist auch interessengerecht, denn durch den Abschluss des Vertrages hat jede Partei ein Untergangsrisiko in Höhe der selbst zu erbringenden Leistung übernommen und diese Entscheidung wirkt bei Unwirksamkeit des Vertrags fort. (Stichwort: ***faktisches Synallagma***)

- Die Risikoverteilung, zu der die klassische Zweikondiktionentheorie gelangt, ist verfehlt. Stattdessen muss dem Verlust der eigenen Leistung, der ja **Nebenfolge des Erwerbs der Gegenleistung** ist, die Qualität einer bereicherungsschmälernden Vermögenseinbuße beigemessen werden.
- Die § 818 III BGB zugrunde liegende Wertung ist konsequent weiter zu entwickeln. Der Gesetzgeber sah nämlich keinen Unterschied zwischen einseitiger und gegenseitiger Rückabwicklung. (Stichwort: ***Lücke***)

Hinweise

- Einige Vertreter der Zweikondiktionentheorie erreichen eine ähnliche Risikoverteilung wie nach der Saldotheorie durch eine **Einschränkung von § 818 III BGB**, so dass der Empfänger einer Leistung bis zur Höhe des Wertes der Leistung, die er selbst versprochen hat, auf Wertersatz in Anspruch genommen werden kann. Dies gelte wiederum ausnahmsweise nicht, wenn der Empfänger den Untergang des Erlangten *nicht verschuldet* habe.
- Umstritten ist zudem die Frage, in welchen Fällen die Saldotheorie aus übergeordneten Schutzgesichtspunkten *nicht* gelten darf:
  - Nach ganz überwiegender Ansicht findet die Saldotheorie nicht zu Lasten **Geschäftsunfähiger oder beschränkt Geschäftsfähiger** Anwendung.
  - Für **arglistig Getäuschte** wird dies nicht einheitlich gesehen:
    - *Für* eine Ausnahme wird angeführt, dass die Saldotheorie insgesamt auf einer Billigkeitskorrektur beruhe. Es wäre aber unbillig, wenn ein arglistig getäuschter Vertragspartner nur deshalb das Untergangsrisiko tragen müsste, weil er einen Vertrag angefochten hat (dann §§ 812 ff. BGB), statt zurückzutreten (dann § 346 III 1 Nr. 3 BGB).
    - *Dagegen* spricht, dass der Täuschende auf Sachen, die bereits im Gefahrenbereich des Getäuschten sind, keinen Einfluss mehr hat.
  - Die Rspr (BGHZ 146, 298, 308) macht eine weitere Ausnahme zugunsten des Übervorteilten in einem **wucherähnlichen Geschäft** (§ 138 I BGB).
- Um Wertungswidersprüchen zwischen Rücktritts- und Bereicherungsrecht vorzubeugen, wird von vielen erwogen, von allen oben genannten Auffassungen jeweils eine Ausnahme zu machen, wenn die Sache untergegangen ist, obwohl der Empfänger die *Sorgfalt in eigenen Angelegenheiten* beachtet hat (Stichwort: ***Analogie zu § 346 III 1 Nr. 3, 277 BGB***).

Fundstellen: MünchKomm/*Schwab* (2013), § 818 Rn. 209 ff.; *Buck-Heeb*, Examens-Repetitorium Schuldrecht BT/2 (2004), Rn. 438 ff.

57 Herausgabepflicht nach § 818 BGB bei gewinnbringender Weiterveräußerung

P
§ 818
Rn 14

Nach § 818 I BGB erstreckt sich die bereicherungsrechtliche Herausgabepflicht nicht nur auf die gezogenen Nutzungen, sondern auch auf *„dasjenige, was der Empfänger auf Grund eines erlangten Rechts oder als Ersatz für die Zerstörung, Beschädigung oder Entziehung des erlangten Gegenstands erwirbt."* Umstritten ist der Umfang dieser Herausgabepflicht, falls der Bereicherungsschuldner das ursprünglich Erlangte gewinnbringend weiterveräußert hat, also insbesondere

Streitstand ⇨ **ob sich die Herausgabepflicht nur auf den objektiven Wert des erlangten Gegenstands oder auch auf einen erzielten Gewinn erstreckt.**

a) objektive Werthaftungstheorie

Nach überwiegender, auch von der Rspr (vgl. zuletzt BGH NJW 2004, 1314) geteilter Ansicht hat der Bereicherungsschuldner **keinen erzielten Gewinn** herauszugeben. Etwas anderes gelte nur bei Eingreifen der gemäß §§ 818 IV oder 819 I BGB anzuwendenden „allgemeinen Vorschriften", zu denen vor allem § 285 BGB gehöre.

Argumente:

- Der eindeutige, auf die abschließend genannten Fälle beschränkte **Wortlaut** des § 818 I BGB wird durch die ebenso klare Gesetzesbegründung gestützt.
- Bezöge sich die Herausgabepflicht schon als allgemeiner Grundsatz auf den Veräußerungserlös, dann hätte es der ausdrücklichen Erwähnung der Wendung „durch ein Rechtsgeschäft erwirbt" in **§§ 1418 II Nr. 3, 1473 I und 1638 II BGB** nicht bedurft. (Stichwort: ***Systematik***)

b) Gewinnhaftungstheorie

Nach anderer Auffassung soll gemäß § 818 I BGB **auch der Veräußerungserlös** herausgegeben werden müssen.

Argumente:

- Daraus, dass in den von der Gegenauffassung angeführten familienrechtlichen Vorschriften ein gesonderter Passus für das rechtsgeschäftliche Surrogat genannt ist, kann kein Umkehrschluss für § 818 I BGB gezogen werden. Vielmehr muss es bei dem allgemeinen, auch bei § 816 I BGB (vgl. dazu **STREITSTAND Nr. 58**) überwiegend angenommenen Grundsatz der Einbeziehung aller Surrogate bleiben.

- Die Gegenansicht führt zu einer ungerechten **Risikoverteilung**: Warum der Gläubiger wegen der Entreicherungsmöglichkeit gemäß § 818 III BGB das *Verlustrisiko* aus einer ungünstigen Weiterveräußerung tragen, dem Schuldner aber ein erzielter *Gewinn* zustehen soll, ist wenig verständlich. (Stichwort: ***Äquivalenz von Verlustrisiko und Gewinnchance***)

Hinweise

- Die zweite Auffassung wird vereinzelt in der Weise abgeändert, dass der Gewinn (nur) gemäß § 818 II BGB in Geld zu ersetzen sei. Diese Modifikation soll vor allem dazu dienen, dem Vorwurf der ersten Ansicht zu entgehen, dass der Bereicherungsgläubiger sonst bei Tauschgeschäften des Schuldners Gegenstände erhielte, mit denen *er* nichts anfangen kann. (Stichwort: ***individuelle Tauschgeschäfte***)
- Dadurch, dass die ständige Rspr der (hier) ersten Auffassung, beim folgenden Streitstand jedoch der (dort) zweiten Auffassung folgt, setzt sie sich nicht in Widerspruch zu sich selbst. Denn zwischen § 816 I BGB und dem hier diskutierten § 818 I BGB gibt es einen entscheidenden Unterschied: Bei § 816 I BGB verliert der Gläubiger sein Eigentum an der veräußerten Sache, bei § 818 I BGB nur einen schuldrechtlichen Rückübereignungsanspruch. (Stichwort: ***dingliche Zuweisung bei 816***)

Fundstellen

MünchKomm/*Schwab* (2013), § 818 Rn. 77 ff.; BGH NJW 2004, 1314.

58 Umfang der Herausgabepflicht bei § 816 I 1 BGB

P § 816 Rn 10 f.

Die im vorherigen **STREITSTAND** bei § 818 BGB allgemein diskutierte Frage nach dem Umfang der Herausgabepflicht stellt sich in besonderer Weise im Rahmen von § 816 I BGB. Auch hier ist umstritten, worauf sich das „durch die Verfügung Erlangte" genau bezieht, also

Streitstand ⇨ **ob die Herausgabepflicht nach § 816 I 1 BGB einen Veräußerungsgewinn umfasst.**

a) objektive Werthaftungstheorie

Teilweise ist man der Auffassung, es sei **lediglich der objektive Sachwert** des Gegenstands der Verfügung herauszugeben (Stichwort: ***pretium ex re***), einen erzielten Gewinn könne der Nichtberechtigte behalten.

Argumente:

- Was der Schuldner „durch die Verfügung erlangt", ist die *Befreiung von der gegen ihn gerichteten Forderung*. Da diese selbst nicht herausgegeben werden kann, ist nach § 818 II BGB ihr Wert zu ersetzen. (Stichwort: ***Wortlaut***)
- Dem Berechtigten ist nur das Rechtsgut selbst zugewiesen, nicht aber der vom Substanzwert verschiedene Gewinn, den andere damit erzielen. (Stichwort: ***Substanzwert ≠ Gewinn***) Ein erlangter Gewinn hängt nämlich in der Regel von Umständen ab, die nicht der Sache selbst anhaften, sondern in der Person des Nichtberechtigten liegen, wie zB Verhandlungsgeschicklichkeit, Arbeitseinsatz und Aufwendungen. (Stichwort: ***Verhandlungsgeschick***)
- Die grundlegende Wertung des Gesetzgebers, dass ausweislich der §§ 687 II, 681 S. 2, 667 BGB (angemaßte Eigengeschäftsführung) nur ein bösgläubig Verfügender auf Gewinnherausgabe haften soll, würde sonst unterlaufen. (Stichwort: ***GoA e contrario***)

b) Gewinnhaftungstheorie

Überwiegend, auch von der ständigen Rspr, wird vertreten, der Bereicherungsschuldner müsse den gesamten, tatsächlich für die Veräußerung erhaltenen **Gegenwert, einschließlich des erzielten Gewinns** (Stichwort: ***commodum ex negotiatione cum re***) herausgeben.

Argumente:

- Dieses durch den **Wortlaut** naheliegende Ergebnis entspricht dem eindeutigen **Willen des Gesetzgebers**. Stellte man mit der Gegenansicht auf die

„Befreiung von einer Forderung" ab, dann machte man den als sekundären Bereicherungsanspruch gedachten § 818 II BGB systemwidrig zur eigentlichen Rechtsfolge des § 816 I 1 BGB.

- Die Möglichkeit, mit einer Sache Gewinn zu erzielen, ist ureigenstes Recht des Eigentümers und gehört damit zum wesentlichen Inhalt der Zuweisung. (Stichwort: ***Zuweisungsgehalt***) Denn ohne Sache selbst könnte ein noch so geschäftstüchtiger Nichtberechtigter keinen Gewinn erzielen.
- Aus den von der Gegenansicht angeführten Sondervorschriften über die Herausgabepflicht bei angemaßter Eigengeschäftsführung kann kein Umkehrschluss gezogen werden. Denn diese Normen sind vielmehr selbst Ausnahme des **allgemeinen Gedankens der Surrogation**, der sowohl in § 816 BGB als auch in **§ 285 BGB** zum Ausdruck kommt. Wegen des Charakters als Vindikationsersatzanspruchs umfasst die Herausgabe in beiden Fällen auch einen erlangten Gewinn, § 687 II BGB ist insoweit die Ausnahme. (Stichwort: ***Vindikationsersatz, daher 687 nicht umkehrschlussfähig***)

Hinweise

- Während die BGH-Rspr das hiernach erlangte Ergebnis in Extremfällen über **§ 242 BGB** korrigiert, folgen andere Literaturstimmen auch im Grundsatz der zweiten Auffassung und machen verschiedene Einschränkungen:
  - Nach einer Auffassung soll Herausgabe *nur insoweit* erfolgen, als der Nichtberechtigte einen entsprechenden Gewinn bei Verwendung einer eigenen Sache statt der fremden Sache *nicht hätte erzielen können.*
  - Andere meinen, es sei *nur der „Verwertungsertrag"*, nicht aber das „lucrum negationis" (also zB der auf der Entdeckung der Brauchbarkeit der Sache für Spezialzwecke beruhende Entgeltteil) herauszugeben.
  - Wiederum andere *differenzieren in subjektiver Hinsicht*: Nur bei vorsätzlichem Eingriff in den Zuweisungsgehalt sei vollständige Herausgabe geschuldet, bei fahrlässigem Eingriff nur der selbst entgangene Gewinn.
- Falls die **Gegenleistung**, die der Nichtberechtigte im Zuge der Veräußerung der Sache erhält, ***unter* dem objektiven Wert** der Sache liegt, ist weitgehend anerkannt, dass hier nur die erlangte Gegenleistung herauszugeben ist. Denn diese Obergrenze führt gerechterweise dazu, dass der *Berechtigte* das Verwertungsrisiko trägt. Andernfalls würde aus der Bereicherungsabschöpfung eine verschuldensunabhängige Schadenersatzforderung.

Fundstellen: MünchKomm/*Schwab* (2013), § 816 Rn. 37 ff.; *Reuter/Martinek*, Ungerechtfertigte Bereicherung (1983), S. 316 ff.

59 Kenntnis eines Minderjährigen im Rahmen von § 819 I BGB

P
§ 819
Rn 4

Kennt der *Leistende* den Mangel des Rechtsgrundes oder die Unmöglichkeit des Erfolgseintritts, ist ein Bereicherungsanspruch ausgeschlossen (vgl. § 814 f. BGB). Bei § 819 I BGB kommt es umgekehrt für die dort genannte Gleichstellung mit § 818 IV BGB auf die Kenntnis des *Empfängers* an. Seit der bekannten Flugreiseentscheidung (BGHZ 55, 128) ist umstritten,

Streitstand ⇨ **ob die verschärfte Haftung auch allein durch Kenntnis eines beschränkt Geschäftsfähigen ausgelöst werden kann, der beim Empfang des Bereicherungsgegenstands nicht vertreten war.**

a) Theorie der Kenntnis des gesetzlichen Vertreters

Zum Teil wird vertreten, die Kenntnis des beschränkt Geschäftsfähigen sei für § 819 I BGB generell unerheblich, es komme vielmehr **immer** auf die des **gesetzlichen Vertreters** an.

Argumente:

- Reichte bereits die Kenntnis des Minderjährigen allein für § 819 I BGB aus, dann träte im Ergebnis dieselbe Haftung wie nach dem wegen beschränkter Geschäftsfähigkeit unwirksamen Rechtsgeschäft ein. (Stichwort: ***Leerlauf des Minderjährigenschutzes***)
- Rechtsfolge des § 819 I BGB ist eine Gleichstellung mit dem Fall der Rechtshängigkeit (§ 818 IV BGB). Diese tritt bei einer Klage gegen Minderjährige aber erst mit Zustellung an dessen gesetzlichen Vertreter ein (Stichwort: ***§ 170 I ZPO***)
- Ließe man den Minderjährigen schon bei eigener Kenntnis vom Mangel des rechtlichen Grundes nach § 819 I BGB verschärft haften, dann wäre die Privilegierung des **§ 682 BGB** gegenüber § 687 II BGB hinfällig.
- Der **Wortlaut des Gesetzes** bietet keinen Anhaltspunkt für eine Differenzierung zwischen verschiedenen Kondiktionsarten, wie es die *dritte Ansicht* annimmt. Zudem sind Fälle denkbar, in denen sich die Bestimmung der Kondiktionsart äußerst schwierig gestaltet.

b) Theorie der Deliktsfähigkeit

Andere sprechen sich für eine verschärfte Haftung bei **Kenntnis des Minderjährigen** schon dann aus, **wenn dieser nach § 828 III BGB deliktsfähig ist**.

Argumente:

- Bösgläubig ist nur, wer die **Fähigkeit zur Einsicht** hat, die zur Erkenntnis der Verantwortung erforderlich ist. Dieses Kriterium kann konstruktiv einer Analogie zu § 828 III BGB entnommen werden.

- Auch bei **§ 990 I BGB**, einer Sondernorm des Deliktsrechts, die über § 292 BGB zu den „allgemeinen Vorschriften" im Sinne der §§ 818 IV, 819 I BGB gehört, beurteilt sich die Gut- oder Bösgläubigkeit nach den §§ 827 ff. BGB. Insoweit ist Einheitlichkeit anzustreben. (Stichwort: ***EBV-Parallele***)

c) Theorie der unterschiedlichen Kondiktionsarten

Überwiegend, auch von der Rspr, wird eine **differenzierte Lösung** vertreten:

- Bei Leistungskondiktionen sei der *ersten* Ansicht zu entsprechen,

- für Nichtleistungskondiktionen müsse entsprechend der *zweiten* Meinung gefordert werden, dass der minderjährige Empfänger selbst den Mangel des rechtlichen Grundes kennt und zudem deliktsfähig im Sinne von § 828 III BGB ist.

Argumente:

- Das von der *ersten Ansicht* genannte Argument des Minderjährigenschutzes greift nur im rechtsgeschäftlichen Verkehr und damit nur bei *Leistungskondiktionen*, da nur hier die §§ 104 ff. BGB im Ergebnis umgangen werden. Bei Bereicherung *„in sonstiger Weise"* geht es vielmehr um das allgemeine Lebensrisiko, für das § 828 III BGB ein richtiger Maßstab ist. Eine Verallgemeinerung kann auch nicht mit § 170 I ZPO begründet werden, da aus dieser reinen Prozessregelung keine materiellen Schlüsse zu ziehen sind.

- Eine Differenzierung ist aufgrund der unterschiedlichen Funktionen der Kondiktionsarten auch über den Wortlaut hinaus erforderlich: Während Leistungskondiktionen eine **Kompensation des Abstraktionsprinzips** darstellen, dominiert bei Eingriffskondiktionen der Gedanke der **Rechtsfortwirkung**. (Stichwort: ***teleologische Differenzierung***)

Hinweis

Als **Modifikation** der (hier) dritten Ansicht wird auch vertreten, allein die Kenntnis des Minderjährigen reiche in Fällen aus, in denen dieser die Leistung durch eine deliktische Handlung erhalten habe; **insoweit überlagere die Wertung des § 828 III BGB diejenige der §§ 104 ff. BGB**. Hierfür spricht, dass kein Grund besteht, den Minderjährigen in diesen Fällen zwar einem Schadenersatzanspruch aus §§ 823 ff. BGB, nicht aber der Haftung aus § 819 I BGB auszusetzen.

60 Handhabung einer aufgedrängten Bereicherung

P
§ 951
Rn 18

Typische Fälle aufgedrängter Bereicherung drehen sich um eine **Verwendungskondiktion** nach § 812 I 1 Fall 2 BGB. Dabei erhält der (vermeintlich) Bereicherte beispielsweise einen Gegenstand, mit dem er nichts anfangen kann. Wenn dies ohne rechtlichen Grund geschah und der Gegenstand nicht in Natur herausgegeben werden kann, stellt sich die entscheidende Frage, ob der Bereicherte nicht zumindest Wertersatz leisten muss.
Eine umfassende Ersatzpflicht käme einer erheblichen **Einschränkung der Dispositionsfreiheit** gleich, wenn der „Bereicherte" zB einen Kredit aufnehmen müsste, um die ungewollte Bereicherung auszugleichen. Umstritten ist daher,

Streitstand ⇨ **wie solche Fälle einer ungewollten, aufgedrängten Bereicherung zu handhaben sind.**

Bsp.: M renoviert das von Eigentümer E gemietete Haus, das dieser nach Ablauf der Mietzeit jedoch wie geplant abreißt, statt die unerwartete Wertsteigerung durch Verkauf oder Vermietung zu verwirklichen.

a) Theorie der Wegnahmeeinrede

Zum Teil wird vertreten, der Bereicherte könne den Anspruch dadurch **dauerhaft hemmen**, dass er den Gläubiger auf dessen **Wegnahmerecht** verweise.

Argument:

- Diese Lösung entspricht dem in § 1001 S. 2 BGB zum Ausdruck kommenden Rechtsgedanken. (Stichwort: ***1001 S. 2 analog***)

b) Realisierungstheorie

Andere sind der Ansicht, Wertersatz sei nur in der Höhe zu leisten, in der die Bereicherung nach den individuellen Verhältnissen tatsächlich **realisiert** werde bzw. zumutbar **realisierbar** sei. Umstritten ist allein die Konstruktion: Einige wollen den Wertbegriff des § 818 **II** BGB in dieser Weise auslegen; andere sehen § 818 **III** BGB („ungerechtfertigt") als Einfallstor für Wertungen.

Argument:

- Der in **§ 818 III BGB** zum Ausdruck kommende **Abschöpfungsgedanke** gehört zu den fundamentalen Grundpfeilern des Bereicherungsrechts: Ein gutgläubiger und unverklagter Empfänger darf nicht dazu gezwungen werden, mehr herauszugeben oder an Wert zu ersetzen, als er tatsächlich selbst erzielt. Die Pflicht, eine rein rechnerisch-theoretische Bereicherung auszugleichen, widerspräche also der **Schutzfunktion des § 818 III BGB**.

c) subjektive Differenzierungstheorie

Wiederum andere **differenzieren zwischen Gut- und Bösgläubigkeit des Kondiktionsgläubigers**. Wisse dieser, dass er unbefugt handele, dann sei eine Bereicherung nur nach Maßgabe der hier zweiten Auffassung herauszugeben. Bei Gutgläubigkeit müsse hingegen auch eine nicht realisierte/realisierbare Vermögenszunahme vergütet werden. (Stichwort: ***Realisierung/Realisierbarkeit***).

Argumente:

- Die erste Theorie **scheitert** bereits dann, wenn die Bereicherung denklogisch nicht weggenommen werden kann, wie etwa **bei** dem **Einsatz von Arbeitskraft** zur Veränderung einer Sache.
- Bei *Bösgläubigkeit* darf die Regelung des § 996 BGB, nach der ein bösgläubiger Besitzer bei objektiv-wertsteigernden, aber nicht notwendigen Verwendungen keinerlei Ersatz erlangt, nicht durch eine Anwendung von §§ 812, 818 II BGB unterlaufen werden. (Stichwort: ***996 e contrario***)
- Warum aber der zu Unrecht Bereicherte auch dann geschützt werden soll, wenn der Kondiktionsgläubiger *gutgläubig* war, ist nicht ersichtlich. Gestritten wird hier allein, wie weit der Begriff der Gutgläubigkeit zu fassen ist, insbesondere ob zB nur Handeln mit Fremdgeschäftsführungswillen ausreicht, oder ob auch Irrtumskonstellationen erfasst sein sollen.

Fundstelle

MünchKomm/*Schwab* (2013), § 818 Rn. 194 ff.

Recht der unerlaubten Handlungen

Das Deliktsrecht hat – anders als das Bereicherungsrecht – nicht die Vermögens*vorteile* des Bereicherungs*schuldners*, sondern die ***Nachteile* des Bereicherungs*gläubigers* im Fokus**. Im Unterschied zum französischen code civil oder dem angloamerikanischen common law enthält das deutsche Deliktssystem keine Generalklausel für alle Arten schuldhafter Schädigungen, sondern mehrere Tatbestände, die jeweils eigene Einschränkungen enthalten: **§ 823 I BGB** ist auf die enumerativ genannten Rechtsgüter beschränkt, **§ 823 II BGB** nimmt nur Bezug auf spezifische gesetzliche Verhaltensnormen (Schutzgesetze), **§ 826 BGB** stellt besondere Anforderungen an Vorsatz und Verwerflichkeit des Verhaltens und **§ 831 I BGB** enthält eine tatbestandsimmanente Exkulpationsmöglichkeit. Da mit dieser im Vergleich zu einer Generalklausel **höheren tatbestandlichen Präzision** zugleich **ausreichende Flexibilität einhergeht**, wird die deutsche Umsetzung international als gelungen angesehen.

Auch im Deliktsrecht müssen Sie stets die Frage der Anwendbarkeit neben anderen Regelungskomplexen im Blick haben: Zu Ansprüchen aus verschuldensunabhängiger **Gefährdungshaftung** stehen die §§ 823 ff. BGB in freier Anspruchskonkurrenz. Insoweit sollten Sie in der Klausur stets mindestens an StVG und ProdHaftG denken. Für das Verhältnis zum Eigentümer-Besitzer-Verhältnis ziehen Sie bitte die **JURISTISCHEN STREITSTÄNDE**, **Sachenrecht**, **Nr. 17 ff.** zu Rate.

Zur Darstellung in Streitständen weniger geeignet sind u.a. die Themenbereiche *Produzentenhaftung*, Behandlung der sog. *Rahmenrechte* (zB allgemeines Persönlichkeitsrecht und Recht am eingerichteten und ausgeübten Gewerbebetrieb) und *Verkehrspflichten*, die Sie aber für eine erfolgreiche Klausur dennoch beherrschen müssen. Hierfür und für alle weiteren Fragen kann als ergänzendes Lehrbuch das Werk von *Fuchs*, Deliktsrecht (2009) herangezogen werden. Für allgemeine Fragen des Schadensrechts helfen zudem die **JURISTISCHEN STREITSTÄNDE**, **BGB AT / Schuldrecht AT**, **Nr. 42 ff.** Im Folgenden finden Sie eine Aufbereitung dieser Streitfragen:

61 Fortbestand der „Weiterfresserdogmatik“ nach der Schuldrechtsmodernisierung

P
§ 823
Rn177 f.

Die Gewährleistungsvorschriften schützen primär das Interesse des Käufers, für das vereinbarte Geld eine vertragsgemäße Ware zu erhalten (Stichwort: ***Äquivalenzinteresse***). Das Deliktsrecht hingegen schützt v.a. das Interesse, dass die übrigen Rechtsgüter unverletzt bleiben. (Stichwort: ***Integritätsinteresse***) Wird eine mangelhafte Sache geliefert, dann stellt der Mangel als solcher keine Verletzung des Eigentums des Käufers i.S.v. § 823 I BGB dar. Denn weil die Sache nie integer war hat der Käufer **nie mangelfreies Eigentum erworben**.

Nach der früher ständigen Rspr war das Integritätsinteresse aber dann betroffen, wenn ein mangelhafter Teil der Kaufsache zur Beschädigung auch der restlichen Sache führte (Stichwort: ***weiterfressender Mangel***) und wenn der später eingetretene Schaden mit dem bereits bei Übergabe vorhandenen Mangel nicht „**stoffgleich**“ war, wenn also das Weiterfressen eine weitere Vermögenseinbuße geschaffen hat. Dafür kam es nach der Rspr auf eine Gesamtbetrachtung der Umstände des Einzelfalls an, insbesondere darauf, ob der ursprüngliche Mangel ein *funktional abgrenzbares Einzelteil* betraf, *leicht entdeckt* und *mit wirtschaftlich vertretbarem Aufwand behoben* werden konnte und *im Vergleich mit dem späteren Schaden verhältnismäßig gering* war.

Heute ist die vom Gesetzgeber bewusst offengelassene Frage umstritten,

Streitstand ⇨ **ob weiterfressende Mängel auch seit 1.1.2002 noch über §§ 823 ff. BGB auszugleichen sind.**

Bsp.: Ein Pkw wird mit porösen Reifen geliefert, von denen einer platzt. Dadurch wird der Wagen beim folgenden Unfall vollständig zerstört.

a) Theorie vom Vorrang des Gewährleistungsrechts

Ein Teil der Literatur vertritt, (spätestens) seit dem 1.1.2002 habe bei Weiterfresserschäden das **Gewährleistungsrecht Vorrang** vor einer deliktischen Haftung.

Argumente:

- Der **Hauptgrund** für die Entwicklung der Weiterfresserdogmatik ist heute **weggefallen**: Früher verjährten Gewährleistungsansprüche noch in 6 Monaten (§ 477 BGB a.F.) und deliktische in drei Jahren (§ 852 BGB a.F.).
- Die §§ 434 ff. BGB bieten einen **sachnahen und ausdifferenzierten Ausgleich** der Interessen beider Vertragsparteien. An **§ 438 I Nr. 2 lit. b BGB** wird zB deutlich, dass der Gesetzgeber die spätere Erkennbarkeit von Schäden im kaufrechtlichen Verjährungssystem berücksichtigt hat und explizit nicht an die subjektive Kenntnis nach § 199 BGB anknüpfen wollte. Dies pauschal zu unterlaufen, wäre systemwidrig. (Stichwort: ***Sperrwirkung***)

- Das Vertragsinteresse des Käufers mit Deliktsschutz zu versehen, gerät auch notgedrungen in Konflikt mit dem **Vorrang der Nacherfüllung**. Der Käufer könnte Schadenersatz verlangen, ohne dem Verkäufer zuvor die Möglichkeit zur Mängelbeseitigung gegeben zu haben.
- Das **schwer zu fassende Kriterium der „Stoffgleichheit"** schafft Rechtsunsicherheit. Die einheitliche Kaufsache gedanklich in einen fehlerhaften und einen mangelfreien Teil aufzuspalten, erscheint lebensfremd.

b) Theorie vom Weiterfresserschaden

Die Rspr hält an einem **parallelen Ausgleich über §§ 823 ff. BGB** fest.

Argumente:

- Dem **Wortlaut** des Gesetzes ist eine Sperrwirkung der §§ 433 ff. BGB nicht zu entnehmen. Mangels eindeutiger Stellungnahme des Gesetzgebers ist vielmehr vom **Grundsatz der freien Anspruchskonkurrenz** auszugehen, zumal die Regelungskomplexe dem Schutz verschiedener Interessen dienen.
- Das Kriterium der Stoffgleichheit gewährleistet, dass die Vertragsordnung nicht unterlaufen wird. Auch mit dem Vorrang der Nacherfüllung besteht in den meisten Weiterfresser-Fällen gar **kein Konflikt**, denn typischerweise haftet in diesen Fällen nicht der Verkäufer, sondern der Hersteller.
- Die Verjährungsunterschiede bestehen auch heute fort. Denn objektiv beginnende 2 Jahre (§ 438 I Nr. 3, II BGB) sind mit subjektiv ab Anspruchskenntnis laufenden drei Jahren (§§ 195, 199 BGB) nicht vergleichbar. Möglich ist eine Differenz von bis zu 28 Jahren. (Stichwort: ***Verjährungsproblem ungelöst***)

Hinweise

- Vereinzelt wird eine vermittelnde Lösung befürwortet: Ein Anspruch aus § 823 BGB sei zwar zu bejahen, verjähre jedoch gemäß § 438 I Nr. 3 BGB.
- In einer Klausur ist auch die Frage zu klären, worin in solchen Fällen die **Verletzungshandlung** zu sehen ist. Überwiegend soll dies das *Inverkehrbringen der mangelhaften Sache* sein. Vereinzelt sieht man sie aber in der *unterbliebenen Warnung vor den selbstzerstörerischen Tendenzen der Sache* sein.
- Der Streitstand resultiert aus zahlreichen Urteilen, u.a. BGHZ 67, 359 (Schwimmschalter) und BGH NJW 2004, 1032 (Ferrari).

Fundstelle: *Tettinger*, JZ 2006, 641.

62 Forderungszuständigkeit als sonstiges Recht i.S.v. § 823 I BGB

P
§ 823
Rn 11

Als „sonstige Rechte“ i.S.v. § 823 I BGB anerkannt sind u.a. das Recht am eingerichteten und ausgeübten Gewerbebetrieb und das allgemeine Persönlichkeitsrecht, beschränkte dingliche Rechte wie zB Pfandrechte und Dienstbarkeiten sowie Immaterialgüterrechte wie Urheber-, Patent- und gewerbliche Schutzrechte. Umstritten ist dagegen,

Streitstand ⇨ **ob auch Forderungen als „sonstige Rechte“ im Sinne des § 823 I BGB deliktischen Schutz genießen.**

a) Theorie der Forderungszuständigkeit

Vereinzelt meint man, zumindest die **Zuständigkeit zur Einziehung einer Forderung** müsse für einen intensiven Güterschutz von § 823 I BGB umfasst sein.

Argument:

- Eine Verletzung ist zB dadurch möglich, dass der Schuldner – unberechtigt, aber bei wirksamer Annahme der Leistung mit befreiender Wirkung – an einen Scheingläubiger leistet.

b) Theorie der Nichteinbeziehung relativer Rechte

Überwiegend wird diese Ausweitung der Norm auf Forderungen **abgelehnt**.

Argumente:

- Forderungen wirken nicht gegenüber jedermann, sondern nur zwischen den jeweiligen Schuldnern und Gläubigern. Ihnen fehlt damit eine eigentumsähnliche, absolute Rechtsqualität. Spräche man ihnen deliktischen Schutz zu, gäbe man die grundlegende Unterscheidung des BGB-Gesetzgebers zwischen relativen und absoluten Rechten auf. (Stichwort: ***Relativität der Schuldverhältnisse***)
- Mit der Gegenauffassung müsste konsequent auch einen Schuldner schadenersatzpflichtig sein, der leicht fahrlässig entsprechend §§ 407 ff. BGB befreiend leistet. Dadurch würde aber wiederum die **Wertentscheidung des Gesetzgebers für § 407 BGB** umgangen.

Fundstelle

Larenz/Canaris, § 76 II 4 g.

63 Besitz als sonstiges Recht i.S.v. § 823 I BGB

P
§ 823
Rn 13

Umstritten ist,

Streitstand ⇨ **ob der unmittelbare Besitz *als solcher* als sonstiges Recht i.S.v. § 823 I BGB zu qualifizieren ist.**

a) Theorie vom Schutz d. obligatorischen Rechts zum Besitz

Teilweise wird vertreten, dass ***nur das Recht* zum Besitz**, nicht aber der Besitz selbst ein sonstiges Recht i.S.v. § 823 I BGB sei.

Argumente:

- Besitz meint die *tatsächliche* Gewalt über eine Sache. Insofern fehlt es bereits an der Qualität eines sonstigen „*Rechts*". (Stichwort: ***kein Recht***)
- Die §§ 861 f. BGB verbinden den Besitz zwar mit Abwehrrechten. Schadenersatzrechtlich ist aber der Zuweisungsgehalt der Position entscheidend, da dieser über den Schaden befindet. Dem *bloßen* Besitz fehlt es an Zuweisungsgehalt; er ist eine Position ***ohne*** vermögensmäßige Zuordnung. (Stichwort: ***kein Zuweisungsgehalt***)
- Hinsichtlich des bloßen Besitzes sind die §§ 858 i.V.m. 861, 864 BGB *leges speciales* gegenüber § 823 BGB. (Stichwort: ***leges speciales***)

b) Theorie vom Besitz als „sonstiges Recht"

Überwiegend ist man der Auffassung, dass der ***bloße*** Besitz als sonstiges Recht i.R.v. § 823 I BGB geschützt werde.

Argument:

- Die Abwehransprüche des Besitzers gemäß §§ 861, 862 BGB verstärken die Position des Besitzers mit Wirkung ***gegen jedermann***. Insoweit ist der bloße Besitz einem absoluten Recht angenähert. (Stichwort: ***Annäherung an absolutes Recht durch 861 f.***)

Hinweise

- Die praktische Bedeutung dieser Diskussion ist gering, soweit es um den Ersatz entgangener Nutzungen geht, die der Besitzer vom Eigentümer wegen rechtswidrig schuldhafter Besitzstörungen verlangt. In diesem Fall nähert sich die überwiegende Auffassung der Theorie vom Schutz des obligatorischen Rechts zum Besitz sehr stark an: Innerhalb der überwiegenden Meinung ist nämlich streitig, ***ob der Deliktsschutz ein Recht zum Besitz voraussetzt***:

- Die Rechtsprechung argumentiert, dass Nutzungsersatz nur insoweit zu leisten sei, wie der Besitzer die Sache berechtigter Weise hätte benutzen dürfen. (Stichwort: ***berechtigter Besitz***) Insbesondere im Konflikt zwischen Eigentümer und Besitzer könne ohne Recht zum Gebrauch der Sache auch kein Schadenersatzanspruch hinsichtlich Nutzungen bestehen. Ansonsten würde die unrechtmäßige Rechtslage gerade verfestigt.
- Dagegen wird vereinzelt vorgetragen, dass beim Besitzschutz nach §§ 858 ff. BGB die Besitzberechtigung gar keine Rolle spiele. (Stichwort: **Besitzberechtigung** ***wie bei 858 ff. irrelevant***) Dagegen spricht jedoch, dass die §§ 861 f. BGB nicht die Nutzungsbefugnis zuordnen, sondern das ***Faustrecht hintanhalten*** wollen.
- Ein größerer Teil der Lehre will Deliktsschutz unabhängig vom Besitzrecht gewähren, ***wenn Rechtsnormen dem nichtberechtigten Besitzer die Nutzungen zuweisen***, wie etwa die §§ 987 ff. BGB dem redlichen Besitzer vor Rechtshängigkeit (Stichwort: ***Deliktsschutz bei Nutzungszuweisung***). Denn nur dann habe der Besitz eine Ausschluss- und eine Nutzungsfunktion und sei daher einem absoluten Recht i.S.v. § 823 I BGB angenähert.
- Dies hat der BGH zurückgewiesen: Die Wohltat des Gesetzes, dem redlichen nichtberechtigten Besitzer die Nutzungen zu belassen, bedeute nicht, dass dieser trotz fehlender Nutzungsberechtigung Schadenersatz erhalte.

• Weitgehend anerkannt ist jedoch innerhalb der Theorie vom Besitz als „sonstiges Recht", dass dem Besitzer ohne Rücksicht auf ein Besitzrecht jedenfalls die Schäden zu ersetzen sind, die ihm aufgrund ***entgangener Ersatzansprüche, Wegnahme- und Zurückbehaltungsrechte*** entstehen. Ebenso seien Haftungsschäden zu ersetzen, also diejenigen Nachteile, die dem Besitzer aufgrund eigener Haftung gegenüber Dritten durch die Besitzstörung entstehen.

• Umstritten ist zudem, ob auch ein Schadenersatzanspruch nach § 823 I BGB des **mittelbaren gegen den unmittelbaren Besitzer** denkbar ist. Zwar soll § 868 BGB gerade eine Gleichstellung dieser Besitzformen bewirken, jedoch wirken die Besitzschutzrechte nur gegen Dritte. Daher ist es gut vertretbar, den mittelbaren Besitzer gegenüber dem unmittelbaren Besitzer auf seine schuldrechtlichen Ansprüche aus dem Besitzmittlungsverhältnis zu verweisen (so auch BGHZ 32, 194, 204 f.).

Fundstelle

Wilhelm, Sachenrecht (2010), Rn. 541 f.

64 Beweislast für Rechtswidrigkeit i.S.v. § 823 BGB bei unklarer Tatsachenlage

P
§ 823
Rn 23 ff.

Sofern nicht festgestellt werden kann, ob ein Verhalten rechtswidrig war, ist nach der Beweislast zu entscheiden. Diese ist aber unterschiedlich, je nachdem,

Streitstand ⇨ **ob Rechtswidrigkeit i.S.v. § 823 I BGB Handlungs- oder Erfolgsunrecht erfordert.**

a) Erfolgsunrechtslehre

Nach überwiegender Ansicht wird vertreten, **Rechtswidrigkeit werde** mit Eintritt der tatbestandsmäßigen Rechtsgutsverletzung **widerleglich** (§ 292 ZPO) **vermutet**, es sei denn, das Verhalten sei ausnahmsweise gerechtfertigt.

Argumente:

- Anders als in Teilen des Strafrechts steht in der Zivilrechtsordnung nicht das Unwerturteil über eine Handlung, sondern die Zuordnung und der Schutz von Gütern im Vordergrund (Stichwort: ***nur Strafrecht handlungsbezogen***).
- Elemente verkehrsgerechten Verhaltens schon bei der Stufe der Rechtswidrigkeit zu prüfen, widerspricht der Terminologie und inneren Logik des § 823 I BGB. Die Gegenansicht führt zudem dazu, dass bei Normen, die vergleichbaren, aber *verschuldensunabhängigen* Schutz absoluter Rechte gewähren – zB §§ 1004 oder 858 BGB – Verschuldenselemente zu prüfen wären. (Stichwort: ***Rechtswidrigkeit ≠ Verschulden***)
- Auch aus der **Definition der Fahrlässigkeit** in § 276 II BGB folgt, dass Sorgfaltsverletzungen zum Verschulden und nicht zur Rechtswidrigkeit gehören.

b) Handlungsunrechtslehre

Andere sind der Auffassung, es sei an die zum Erfolg führende **Handlung** anzuknüpfen. Rechtswidrigkeit liege demnach nur dann vor, wenn der Handelnde objektiv pflichtwidrig **gegen die im Verkehr erforderliche Sorgfalt verstoße**.

Argumente:

- (Auch) das Zivilrecht gibt dem Menschen Direktiven für bestimmte Verhaltensweisen zur Hand. Wer diesen entspricht und die im Verkehr erforderliche Sorgfalt walten lässt, darf nicht nachträglich schadenersatzpflichtig werden, nur weil sein *erlaubtes* Verhalten zufällig Ursache für eine Verletzung eines anderen Rechtsguts war.
- *Gegen die Unterscheidung der (hier) dritten Auffassung* spricht, dass das Kriterium der Mittel- oder Unmittelbarkeit eine willkürliche, unpräzise Kategorie

ist, die der Gesetzgeber in § 823 I BGB nicht angelegt hat und die zu Schwierigkeiten führen kann, da Tun und Unterlassen schwer abzugrenzen sind.

c) (Un)Mittelbarkeitslösung

Viele **differenzieren**: Bei ***unmittelbarer*** Herbeiführung der Rechtsgutsverletzung könne auf die (hier) erste und bei bloß ***mittelbarer*** Erfolgsverursachung – zB durch Unterlassen – auf die (hier) zweite Ansicht zurückgegriffen werden.

Argument:

- Allein die **Kausalitätsstufen** (Äquivalenz, Adäquanz und Schutzzweck der Norm) **reichen als Korrektiv nicht aus**. Vielmehr müssen auch auf der Ebene der Rechtswidrigkeit Fälle, in denen Handlung und Erfolg untrennbar miteinander verbunden sind von solchen gesondert behandelt werden, in denen vorgelagerte, alltägliche und erlaubte Handlungsweisen nur mittelbar zu einem deliktischen Erfolg führen.

Hinweise

- Vereinzelt wird auch vertreten, es müsse **zwischen vorsätzlicher und fahrlässiger Erfolgsverursachung unterschieden** werden. Auch für diese Differenzierung gibt der Wortlaut jedoch keinen Anhaltspunkt, vielmehr sind Vorsatz und Fahrlässigkeit in § 823 I BGB gerade gleichgestellt.
- Auch von Vertretern der überwiegenden Ansicht (Meinung a) ist anerkannt, dass von der erfolgsbezogenen Betrachtung **Ausnahmen** zu machen sind. **ZB ist bei sog. Rahmenrechten** (allgemeines Persönlichkeitsrecht, Recht am eingerichteten und ausgeübten Gewerbebetrieb) die **Rechtswidrigkeit positiv** durch Interessenabwägung mit den Rechten Dritter **festzustellen**.
- Denken Sie im Rahmen der Rechtswidrigkeitsprüfung von § 823 BGB auch an die einschlägigen Rechtfertigungsgründe, v.a. an Notwehr (§ 227 BGB), Notstand (§ 228 BGB), aggressiven Notstand (§ 904 BGB), erlaubte Selbsthilfe (u.a. §§ 229, 562b, 859 f. und 867 BGB), das elterliche Erziehungsrecht (§ 1631 I BGB) und das Vorliegen einer berechtigten GoA, sowie außerhalb des BGB zB an § 193 StGB, § 127 StPO und die ungeschriebene Einwilligung des Verletzten (vgl. dazu auch **STREITSTAND Nr. 65**). Ob auch **verkehrsrichtiges Verhalten** im Straßenverkehrsbereich einen Rechtfertigungsgrund darstellt, ist zwischen Rspr (bejahend) und Literatur (verneinend) umstritten.

Fundstellen

MünchKomm/*Wagner* (2013), § 823 Rn. 5 ff.; BGHZ 24, 21.

65 Anwendbare Vorschriften für die Einwilligung in Rechtsgutseingriffe

P Überb v § 104 Rn 8

Anerkannt ist, dass die Vorschriften über die Geschäftsfähigkeit auf rechtsgeschäfts*ähnliche* Handlungen entsprechende Anwendung finden. Umstritten ist,

Streitstand ⇨ **ob die §§ 104 ff. BGB auch auf die Einwilligung in Rechtsgutseingriffe anwendbar sind.**

a) Theorie der Einsichtsfähigkeit

Überwiegend werden die §§ 104 ff. BGB auf Rechtsgutseingriffe **nicht angewendet**. Die Wirksamkeit von Einwilligungen in Rechtsgutsverletzungen hänge vielmehr von der **Einsichtsfähigkeit** des Minderjährigen ab.

Argumente:

- Was der Gesetzgeber in § 828 III BGB für Fremdschädigungen durch Minderjährige normiert hat, gilt auch für Einwilligungen des Minderjährigen in Eingriffe in seine Rechtsgüter. (Stichwort: ***828 III***)
- Die Einwilligung ist eine Ermächtigung zur Vornahme *tatsächlicher* Handlungen. **Daher passen** die auf rechtsgeschäftliche Erklärungen mit *rechtlichen* Folgen zugeschnittenen **§§ 104 ff. BGB hier nicht**.

b) Rechtsgeschäftliche Lösung

Teilweise wird vertreten, die §§ 104 ff. BGB seien auch auf Einwilligungen in Rechtsgutsverletzungen **anzuwenden**.

Argumente:

- Es ist widersprüchlich, dem Minderjährigen das geringste Kreditgeschäft zu versagen, ihm aber die Einwilligung in Operationen zuzugestehen. (Stichwort: ***Minderjährigenschutz***)
- Die Ablehnung **fester Altersgrenzen** widerspricht dem Gebot der Rechtssicherheit. (Stichwort: ***Rechtssicherheit***)

Hinweise

- Ähnliche Fragen zur Einwilligung stellen sich auch in anderen Rechtsgebieten, s. **Juristische Streitstände**, **Strafrecht AT**, **Nr. 41 ff.** und **Juristische Streitstände**, **Sachenrecht**, Hinweise zu **Nr. 48**.
- Für die **Wohnsitzbegründung** ist nach § 8 BGB Geschäftsfähigkeit nötig.

Fundstelle: *Kothe*, AcP 185 (1985), 105 (143 ff.).

66 Deliktische Haftung bei Sportverletzungen infolge regelkonformen Verhaltens

P § 823 Rn 215 ff.

Weitgehend anerkannt ist zunächst das Ergebnis, dass nämlich bei einer Verletzung, die durch regelgerechtes Verhalten entstanden ist, der Verletzte **im Ergebnis keinen Anspruch auf Schadenersatz gegen den Verletzenden** hat.
Dagegen wird zwar vereinzelt eingewandt, dass „Spielregeln" keinen gesetzlichen Charakter aufwiesen und daher auf die Voraussetzungen des § 823 BGB keinen Einfluss haben dürften, auch weil ansonsten ein Wertungswiderspruch zu den ärztlichen Heileingriffen entstünde (vgl. **Juristische Streitstände**, **Strafrecht BT**, **Nr. 9**), bei denen nur unter strengen Voraussetzungen eine Strafbarkeit und ein Schadenersatzanspruch ausgeschlossen seien.
Allerdings wäre es für die Durchführung des Sports sinnwidrig, dem Verletzten ein Notwehrrecht und einen Unterlassungsanspruch zuzubilligen. Auch wäre dies für die Sportler finanziell unzumutbar.
Sofern man nicht bereits über die sog. Lehre vom Handlungsunrecht (vgl. zuvor **Streitstand Nr. 64**) zu diesem Ergebnis kommt, dann stellt sich die Frage,

Streitstand ⇨ **auf welcher Prüfungsebene ein Anspruch aus § 823 I BGB bei einer Sportverletzung infolge regelgerechten Verhaltens abzulehnen ist.**

Bsp.: Boxer A schlägt seinen Gegner B regelkonform „k.o.". B verlangt im Anschluss Schadenersatz für die notwendigen Arztkosten.

a) Theorie der konkludenten Einwilligung

Einige sind der Ansicht, dass jeder Sportler durch seine Teilnahme **konkludent** miterkläre, in solche Verletzungen **einzuwilligen**, die durch Verhalten entstehen, das den Spielregeln entspreche. Daher sei das Verhalten nicht rechtswidrig.

Argumente:

- Wäre die verletzende Handlung ein rechtswidriges Verhalten, dann könnte der Verletzte sich im Rahmen von **Notwehr auch mit anderen Mitteln** zur Wehr setzen, als die Spielregeln sie vorsehen.
- *Gegen die (hier) dritte Auffassung* spricht, dass im Rahmen von Schadenersatzansprüchen für den Grundsatz des widersprüchlichen Verhaltens kein Raum ist, weil dieser Gedanke insoweit in § 254 BGB aufgeht. (Stichwort: ***§ 254 BGB statt § 242***)

b) Verschuldenstheorie

Andere gehen von **fehlendem Verschulden** i.S.v. § 823 I BGB aus.

Argument:

- Die **Definition der Fahrlässigkeit** (vgl. § 276 II BGB) lässt bewusst offen, welche Sorgfalt in der konkreten Situation „erforderlich" ist. Bei Sportarten mit Spielregeln übernehmen diese insoweit eine Ausfüllungsfunktion.

c) Theorie des venire contra factum proprium

Insbesondere die Rspr und ein Teil der Literatur gehen davon aus, dass eine Geltendmachung deliktischer Ansprüche gegen den Schädiger dem **Einwand des widersprüchlichen Verhaltens** ausgesetzt wäre (Stichwort: ***§ 242***).

Argumente:

- Die **Teilnahme an dem Sportwettkampf hat zugleich den objektiven Erklärungswert**, dass der Sportler mit unvermeidbaren Verletzungen rechnet und diese in Kauf nimmt, soweit sie durch regelkonformes Verhalten des Gegners verursacht werden.
- Nach dem Grundsatz des *venire contra factum proprium* ist es anerkannt, dass ein Anspruch nicht durchsetzbar ist, wenn der Anspruchsinhaber nach der Anspruchsentstehung deutlich macht, diesen nicht geltend machen zu wollen. Warum dies nicht auch bereits vor der Entstehung des Anspruchs erklärt werden kann, ist nicht ersichtlich. (Stichwort: ***vorverlagerte Parallelität***)
- *Entgegen der ersten Meinung* ist die Annahme einer Einwilligung nicht nur **pure Fiktion**, sondern auch schon deswegen **unpassend**, weil der Verletzte zB nicht in schwere Verletzungen oder seinen Tod einwilligen würde.

Hinweis

Ähnlich umstritten ist die Auswirkung einer **Sportverletzung infolge *regelwidrigen* Verhaltens**. Zusätzlich zu den o.g. Thesen wird hier vertreten:

- Fehlende Zurechnung (Stichwort: ***Schutzbereich der Norm***),
- Anwendung der **Arbeitnehmerhaftungsregeln**, d.h. uneingeschränkt soll der Verletzende nur bei Vorsatz und grober Fahrlässigkeit haften, anteilmäßig bei mittleren und gar nicht bei leichten Sorgfaltsverstößen oder
- Übertragung der **diligentia quam in suis** (Stichwort: ***§ 277 BGB***).

Fundstellen: MünchKomm/*Wagner* (2013), § 823 Rn. 563 ff.; BGHZ 63, 140.

67 Einschränkung von § 828 II BGB auf Unfälle im fließenden Verkehr

P
§ 828
Rn 3 f.

Das Verhalten junger Kinder im Straßenverkehr ist häufig gekennzeichnet von Affektreaktionen, Disziplinmangel und Gruppendynamik. Dem Ziel, die **rechtliche Stellung von Kindern im Straßenverkehr** zu verbessern, dienten in letzter Zeit drei gesetzgeberische Maßnahmen: Neben der Änderung des **§ 7 II StVG** vom „unabwendbaren Ereignis" zur noch engeren „höheren Gewalt" und der Schaffung von **§ 3 IIa StVO** zählt hierzu vor allem die Minderung der Verantwortlichkeit von Kindern unter zehn Jahren gemäß **§ 828 II BGB**. Umstritten ist dabei,

Streitstand ⇨ **ob § 828 II BGB auch bei Unfällen im ruhenden Verkehr anzuwenden ist.**

Bsp.: Der achtjährige A beschädigt mit seinem Fußball den am Straßenrand parkenden Pkw des B. Verantwortlichkeit des A?

a) Theorie des weiten Unfallbegriffs

Teilweise wird vertreten, **§ 828 II BGB bedürfe keiner Einschränkung**.

Argumente:

- In Anlehnung an § 7 StVG ist der Begriff des „Unfalls" weit zu verstehen. Ein solcher kann sowohl im fließenden als auch im ruhenden Verkehr geschehen. (Stichwort: ***weiter Wortlaut***) Auch aus der **systematischen Stellung** der Norm im allgemeinen Deliktsrecht folgt nicht, dass der Gesetzgeber einen bestimmten Betriebszustand des Kraftfahrzeugs zugrunde legen wollte.
- Wegen der Vielzahl denkbarer Fallkonstellationen ist das von der Gegenauffassung zugrunde gelegte, rechtsunsichere **Kriterium der „typischen Überforderungssituation"** für eine billige Lösung **nicht ausreichend**.

b) Theorie der typischen Überforderungssituation

Überwiegend, auch von der Rspr, wird eine **Einschränkung auf den sog. fließenden Verkehr** gefordert. Zum Teil soll dies aus einer engen **Auslegung** des Begriffs „Unfall" folgen, andere befürworten eine **teleologische Reduktion**.

Argumente:

- Aus den **eindeutigen Gesetzgebungsmaterialien** geht hervor, dass der Gesetzgeber bei Schaffung der Norm dem Umstand Sorge tragen wollte, dass es Kinder unter 10 Jahren regelmäßig nicht möglich ist, die spezifischen Gefahren des motorisierten Straßenverkehrs zu erkennen, insbesondere Entfernungen und Geschwindigkeiten richtig einzuschätzen, und sich entsprechend zu verhalten. Sofern eine solche typische Überforderungssituation nicht gegeben ist, bedarf es keiner Einschränkung der Verantwortlichkeit des Kindes. (Stichwort: ***typische Überforderungssituation***)

- § 828 II BGB soll nicht dazu führen, dass Kinder trotz vollkommener Sorglosigkeit nicht haften. Denn Absatz 2 der Vorschrift weicht in dieser Hinsicht bewusst von Absatz 1 ab. (Stichwort: ***Vergleich 828 I mit II***)
- Es kann für die Haftung des Kindes keinen Unterschied machen, ob es mit einer Mauer, einem Anhänger oder einem parkenden Pkw kollidiert.

Hinweise

- In den ersten von der Rspr entschiedenen Fällen ging es um *parkende* Autos (BGH NJW 2005, 354 und 356). In späteren Entscheidungen grenzt der BGH hiervon Fälle ab, in denen ein Pkw *verkehrsbedingt hält*:
  - Hier liege anders als bei parkenden Pkw eine typische Überforderungssituation vor (BGH NJW 2007, 2113). Denn auch ein Fahrzeug, das im fließenden Verkehr anhält, könne für ein Kind ein plötzliches Hindernis sein, mit dem es nicht gerechnet hat.
  - In der *Literatur* ist diese Differenzierung auf Kritik gestoßen, denn sie verwische die Konturen. Genau wie bei parkenden Pkw muss das Kind bei einem verkehrsbedingt haltenden Pkw gerade keine Geschwindigkeit abschätzen.
  - Vgl. auch BGH NJW-RR 2009, 95 (offene Türen) und BGH NJW 2008, 147 (Rollen eines Fahrrads).
- Als Folgefrage in der Klausur ist ggf. zu diskutieren, ob die Gesetzesänderung **Auswirkungen auf den Umfang der Aufsichtspflicht der Eltern** hat. (vgl. § 832 I 2 Alt. 1 BGB) Der Gesetzgeber hat dies jedenfalls nicht beabsichtigt. Er wollte nicht, dass die Haftungsrisiken nur innerhalb der Familie umgeschichtet werden. Die von § 828 II BGB betroffenen Kinder sollen vielmehr an eine eigenverantwortliche Teilnahme am Straßenverkehr herangeführt werden, auch und gerade in Abwesenheit der Eltern.

Fundstellen

MünchKomm/*Wagner* (2013), § 828 Rn. 6 f.; *Kilian*, ZGS 2003, 168.

Stichwortverzeichnis

Außerdem erschienen im Richter Verlag

25 FÄLLE (KLAUSURENTRAINING):

BGB-AT

Schuldrecht

Sachenrecht

Verwaltungsrecht

Strafrecht AT

Strafrecht BT

Staatsrecht 1

Staatsrecht 2

Rechtsphilosophie

sowie

60 GRUNDFÄLLE zum SCHULDRECHT

SCHULDRECHT kompakt

Grundkurs Insolvenzrecht

sowie die

JURISTISCHE GRUNDKURSE (*Richter Skripten*)

u.a. zum Zivilrecht

- **BGB AT**
- **BGB Schuldrecht AT**
- **BGB Schuldrecht BT 1**
- **BGB Schuldrecht BT 2**
- **BGB Sachenrecht 1**
- **BGB Sachenrecht 2**
- **BGB Familienrecht**
- **BGB Erbrecht**
- **Handelsrecht**
- **Gesellschaftsrecht**

ferner

zum Strafrecht und Strafprozessrecht

zum Zivilprozessrecht

zum öffentlichen Recht